1日30分であなたも現代の魔術師になれる！

混沌魔術入門

黒野忍
Kurono Shinobu

文芸社

まえがき

近年オカルト、特にスピリチュアルを掲げて高額な料金でセミナーを開いたり、「気のせいだ」で片付くようなどうでもいいことを、浄化されるだの、この音楽を流したら部屋の空気がきれいになっただの、はたから見て馬鹿げたことでお金を払い続ける方が増えている。はっきり言えば浄化された水とただのミネラルウォーターを並べられて「どちらが浄化された水か?」等と聞かれてもわかるわけがない。

今回、多くの方々が読むことを想定して執筆するが、「精神の編集者とは?」「ソウルとは?」という混沌魔術の考えはあまり詳しくは述べていない。それらは過去私が刊行した作品で説明しているので参照してほしい。書籍では絶版だが、アマゾンキンドルで購入できる。

また今この本を手に取っている方の中には混沌魔術に興味があり、何らかの実践をした方も多いと思うので、本書が新しい内容を含んでいることを期待していると思う。また魔術の魔の字も知らないような方が本書を手に取ったとしても、スマートフォンが普及し、インターネットがある時代なので、わからない箇所があれば、検索しながら読み進めてもらえるのではないかと思う。

私が8歳の頃手にした魔術の本は『黄金の夜明け』（国書刊行会）であって小学3年生にとって学習していない漢字だらけであったが、漢和辞典を引いて、本を読み進めた。また12歳で手にした洋書はフランツ・バードンの喚起魔術の実践本の英訳版であった。

今は事情が異なり、検索すれば何でも意味がわかる時代だ。なので、あえて私は「読書は知性を養う」と思い、皆さんの知性を養うために執筆したいと思う。

私の著述業の師である、故青山正明氏は『危ない薬』で薬をファミリーレストランのメニューのように紹介し、それまでにない手法で執筆した。今回私は、故青山正明先生に倣《なら》い、混沌魔術をメニューやカタログ風に執筆したいと思う。そして何より「何度目だ！」という魔術の話も、もうこれ以降しないように計算して執筆する。

最後に言いたいが、私は、精神的な疾患（不眠症を除く）がある方が魔術訓練や修行をすることを推奨していない。はっきり言うが、精神疾患がある方は魔術師になれない。さらに病状は悪化するだけだろう。

本書は精神疾患のない方のための本だということを前提に書いていく。また本書を実践したから精神疾患になるということは絶対にない。あるとすれば、あなたはすでに精神疾患のリスクを持っていたということである。

これは差別ではない。今まで多くの魔術師の修行を見てきたが、精神疾患がある方は修行ができなかった。たった30分の修行時間を10分で切り上げてしまうのだ。

ソウル（詳しくは拙著『黒の書』参照）はあなたの人生という檻《おり》の中に閉じ込められ自由を失っている。混沌魔術はソウルを柔軟にして、あなたを無限の可能性と探求へと誘う魔術である。

なお、コラムは混沌魔術をより深く知りたい方向けの内容になっているので、「早く混沌魔術を実践したい」という方はコラムを飛ばして読んでもらってかまわない。ある程度実践した後に読んでもらえると内容がより深く理解できるかもしれない。

令和元年（２０１９年）５月吉日

黒野忍

1日30分であなたも現代の魔術師になれる！　混沌魔術入門◎目次

第5章

エンチャントメントと印形魔術を学ぶ

第6章

喚起魔術を学ぶ

第9章

シャーマン魔術を学ぶ

第10章

儀式魔術を学ぶ

第11章

アストラル魔術を学ぶ

第12章　虚無魔術を学ぶ

第1章 混沌魔術とは何か

アレスター・クロウリーによる魔術の定義

混沌魔術とはどのような魔術なのだろうか？　まず言われていることは、伝統魔術への反撃だということである。

まず「魔術とは何か」について説明したい。18世紀、**「黄金の夜明け団」**という魔術の団体が創立された。そこではエジプト神話やユダヤの思想カバラ（本来カバラとはユダヤ教の口伝であったが、黄金の夜明け団が独自の魔術思想により魔術にカバラを持ち出したので、厳密にはユダヤ教徒のカバラではない。俗にいうマジカルカバラである）を駆使してヒエラルキーシステムを作り、ヒエラルキーに応じて入門者に知識と修行を与えていくことで、精神向上を目指す魔術が誕生した。

それ以前、魔術師はみな一人で学習しており、修行というものはなかっただろう。そもそも18世紀以前の魔術は、天使や悪魔を呼び出したり、願望を叶えるために魔術的な図形を製作することが主流だった。

だが、「黄金の夜明け団」の創立で事態は変わり、「黄金の夜明け団」が定める教義に従い、入門者は修行することとなった。このアイデアは現在でも実行されている。黄金の夜明け団の研究については私より著名な研究者がいるだろうし、書籍も出ている。

しかし黄金の夜明け団はある嘘としか思えない教義を信じていた。それが**秘密の首領**〈注1〉と呼ばれる、身体を捨てた究極進化の魔術師たちの存在だ。それが黄金の夜明け団の教義を形成したということになっている。

この秘密の首領の一員になることが魂磨きの修行であり、黄金の夜明け団の魔術とは、できもしない「賢者の石」〈注2〉を作ろうとするような試みを含んでいる。現に賢者の石を作ろうとした黄金の夜明け団の魔術師もいる。

魔術師のアレスター・クロウリーは、「黄金の夜明け団」をやめて自分の魔術結社「銀の星」を作った。そして数多くの著作の中の一つで魔術の定義をした。

「魔術とは意志に従って変化を起こす科学でありアートである」

これが彼の魔術の定義とされている。

アレスター・クロウリーの定義を説明すると、「私は混沌魔術の本を出版するんだ！」と〈意志して〉パソコンに向かい、タイピングする。それが出版されたら〈変化〉したということ

〈注1〉「秘密の首領」とは、魔術師が進化した霊的な存在で、肉体を捨てて叡智を授けたり魔術を教えたりするという架空の存在である。なお「黄金の夜明け団」に所属していた魔術師であるアレスター・クロウリーは肉体を捨てず、秘密の首領になったという宣言をしている。

〈注2〉西洋の錬金術は賢者の石というものを作ろうと試みた。その石で触れた物は金《きん》になるという。

アレスター・クロウリー

とになる。

　これは規模こそ違えど、例えばあなたが好きな人と交際したいという〈意志に従って〉告白し成功したら（それはすなわち、変化したことになる）、それが魔術だと言っている。

　余談になるが、日本人は限られた情報（英語が苦手だから、情報が限定される）からアレスター・クロウリーを美化しているようだが、アレスター・クロウリーの死ぬ寸前の言葉は「私は困惑している」である。アレスター・クロウリーは死ぬ間際、自分の体系が間違いだと気が付いたのだ。

　さらにアレスター・クロウリーは詐欺で金銭を巻き上げることを考えたし、実際に平然として詐欺行為を実行している。

　アレスター・クロウリーの魔術の定義は広く使用されているが、私は『黒の書』で新しい定義を行っている。要約してしまえば、魔術とは、**「あなたが考え、あなたの幸福を追求し、あなたが修行する全てがあなたの自己責任」**である。

「黄金の夜明け団」や「クロウリー宗教」「魔女宗教」（注）とは完全に異なる体系だが、それが混沌魔術の一つの定義である。

「黄金の夜明け団」は「秘密の首領」という霊的存在を信じているし、アレスター・クロウリーの魔術は古代エジプト神話に基づく悪魔崇拝をしている。「黄金の夜明け団」から発生した数々の魔術団体のほとんどが「信じること」から始めなければならないシステムになっている。ユダヤ教の大天使の存在を信じなければ、魔術の道具は作れないのだ。

アレスター・クロウリーは「銀の星」から世界的宗教団体「東方聖堂騎士団」を作り、クロウリー崇拝と、クロウリーが定めたエジプト神話の神を利用している。それに、クロウリーが授かったとされる内容に従って、大がかりな自己啓発を行っている。

「東方聖堂騎士団」のメンバーであったL・ロン・ハバードはさらに自己啓発を進め、トム・クルーズが信じている自己啓発宗教団体（サイエントロジー）を立ち上げている。

ここまで述べた魔術は必ず「信じなければならない」というシステムを含んでいる。だが混

（注）魔女宗教はウィッチまたはウィッカ。そもそも我々が考える魔女というのは魔女狩りの範囲であって、今ある魔女宗教（魔女宗）というのは1954年ジェラルド・ガードナーが考えた体系を意味することが多い。つまり、完全な新しい宗教体系である。もちろんジェラルド・ガードナーとは考え方が異なる魔女宗教も存在するが、魔女宗教が主張する古《いにしえ》の伝承というのはほとんど歴史的な根拠も史料もない。

沌魔術はそれらの宗教的な面を真剣には考えていない。混沌魔術では極論すれば、**何を信じようが自由であり、信じることは道具の一部でしかない。**

既存の魔術には「誓いを破ると秘密の首領が罰を下す」や「黒魔術を行えばオカルトポリス（注）に目をつけられる。ではオカルトポリスとコンタクトするにはどうすればいいか？」といった子供じみた内容が含まれている。

存在を立証できない、目に見えない存在を打ち出して、魔術師を洗脳するシステムを持っているのが今までの魔術である。これではもはやえせスピリチュアルの詐欺的な手口と同じである。「あなたから悪い波動が出ています。あなたの守護霊が弱っていますから、浄化のために１００万円必要です」と言うのと同じことだ。

もちろん今は21世紀であり、秘密の首領の導きや、オカルトポリスの存在を信じている魔術師は少ないだろう。だが多くの方が「混沌」という2文字を見ると、黒魔術と判断してしまうかもしれない。

しかし、厳密に言えば黒魔術というのは「相手の意向を聞かずして、魔術を行使すること」と言える。なので、別れた相手とよりを戻す「復縁の魔術」は真っ黒な黒魔術である。

別れた相手の意向を聞かず、復縁したいという願望を実行するのだから、黒魔術である。さらには病人の意向を聞かずにあなたが勝手に善意で行うヒーリングの魔術も、真っ黒な黒魔術

混沌魔術の象徴

となる。昇給願望を叶えるための魔術ですら黒魔術である。

混沌魔術にはそのような考えはない。まずここで紹介する混沌魔術の象徴だが、このマークはピーター・J・キャロルが『無の書』で公表したものだ。

だがこの象徴の元ネタはマイケル・ムアコックの小説『エルリック・サーガ』（早川書房より邦訳書あり）に登場する混沌の神の象徴である。

（注）オカルトポリスとは18世紀の魔術師ダイアン・フォーチュンが考えた魔術や魔術師を監視している組織である。しかしダイアン・フォーチュンの被害妄想としか思えない思想であり、実際にはそのようなオカルトポリスなどは存在しない。

なおこの被害妄想をこじらせた話は、国書刊行会の『心霊的自己防衛』に書かれている。フォーチュンが魔術的攻撃をされたと信じているのは、黄金の夜明け団の創立者の1名、マクレガー・メイザースの妻、モイナ・メイザースからである。ダイアン・フォーチュンはアレスター・クロウリーに話し、アレスター・クロウリーがモイナ・メイザースを「淫らなレズビアン」呼ばわりするなど、実に陰険な応酬となった。

混沌魔術は効果が確認できる

混沌魔術を使えば、怪奇・幻想小説家のH・P・ラブクラフトや、それ以降の作家が作り出したクトゥルフ神話の神々を呼び出し、命令することもできる。初音ミクすら呼び出すことができる。

少なくとも18世紀から蔓延《はびこ》った「秘密の首領」という人間の究極進化がもし本当に存在するならば、混沌魔術等は許されないだろう。

1978年から始まった混沌魔術はこうした古い慣習からの解放をうたい、意味のない霊的恐喝を否定している。黄金の夜明け団は「参入儀式で誓ったことを破れば生命的エネルギー（命に関わるエネルギー）を逆流させる」と脅している。

クロウリーに関しては全てが宗教なのだから、信じる努力をしなければ何も起きないだろう。私の知り合いはアレスター・クロウリーを信奉する魔術師たちのバイブル『法の書』をキャンプファイヤーで100冊燃やしたが、彼らは未だに元気である。

2000年に入ると様々な混沌魔術師が誕生し、それぞれの理論を書籍化するようになる。混沌魔術では従来の魔術を道具程度に扱う。従来の魔術はやたら難しい象徴理論を学び、タロットカードですら象徴化して、魔術に取り込んでいる。

複雑な象徴主義（様々な事柄をマジカルカバラに紐《ひも》づけする思想）を学び、行うことは霊的進化ないし精神的進化であるという。だが、象徴主義は新興宗教ごっこでしかないと私は思う。何かが何かの象徴だという意味を知っていても、霊的向上には結びつかないのだ。

「黄金の夜明け団」の高等な教義は秘密の首領から伝えられている。しかし、これは証明の方法がない。なぜなら秘密の首領などいないのだから。

アレスター・クロウリーの宗教の核であるセレマ『法の書』は、アイワスという彼の聖なる守護天使が耳元で述べたという言葉を書き綴っているとされている。だが、「黄金の夜明け団」の魔術にしろ、「アレスター・クロウリー教」にしろ、それが正しいかどうか確認しようがない。これに対して混沌魔術は、ほとんどが効果を確認できる構成で成り立っている。

では、混沌魔術では精神的進化ができないのだろうか？　混沌魔術でも精神的進化は可能である。**混沌魔術師は転生することすら選択できる。**

ただし混沌魔術師が転生した姿は今の時点では確認されていない。その混沌魔術師が転生の魔術を使ったかどうかは知られていない。今後の研究で実証されるだろう。

昨今は混沌魔術の創始者ピーター・キャロルが否定した、アレスター・クロウリー崇拝と混沌魔術をミックスした体系すら存在している。一人一派とは言えないが、混沌魔術とはあなたに無理強いせず、信じたいものを信じ、基礎的な修行を行い、無限の可能性に挑戦するためにある魔術だと言えよう。

ただし深く学ばず、基礎修行すら完成していない混沌魔術師は、えせスピリチュアルと同じだと言えよう。この日本には弱者に群がる占い師がたくさん存在し、中にはセミナーと称して数十万円を要求する者もいる。

あなたがきちんと修行すれば、あなたの思うように、現実を変化させることができる。現在の困った状況が過去に原因があると理解したら、あなたは過去を変化させることで現在を変化させる魔術を使えるようになるだろう。

セミナーに数十万円も払う必要はないのである。あなたが修行すれば済む話である。楽して、人生を悠々自適で暮らせる者はいない。絶えず変化する毎日を観察し、混沌魔術の修行により、ソウルすなわち人間性を作りだす善悪を超えた魂の核に柔軟性をもたらすことで、悠々自適に生活をするチャンスを手にすることはできるだろう。

後で説明する「印形魔術ができれば混沌魔術師」という国内の考えはまったく通用しない。基礎修行をした上で初めて、効果的な魔術が行える。それが混沌魔術である。

印形魔術の元祖であるオースティン・オースマン・スペアの哲学と彼の魔術テクニックである印形魔術だけが、混沌魔術において多く語られる。まずオースティン・オースマン・スペア

オースティン・オースマン・スペア
（1904年）

の思想である**「キア」**は、私たちの精神の「核」を意味する。キアは捉えることができないし、考察すればするほどキアから離れていくという思想である。

簡単に言えば、般若心経の思想がそのままキアを説明している。興味のある方は般若心経の意味を調べてみるとよいだろう。印形魔術については従来誤解されている部分を別の箇所で指摘して、そちらで詳細を書いていく。

過去も現在も変えられる！

結論から言おう。混沌魔術を使えば何でもできる。人間という有機体の範囲であれば。もちろん、もう5階から飛び降りてしまったけれど、飛び降りる途中でやり直したい、というようなことはできないが、過去に原因があり、それが今に影響しているならば、過去を変えることもできるし、現状を変化させることもできる。

あらゆる神々や女神を召喚して力を借りることもできるだろう。あなたがやめたくてもやめられない習慣を破壊することもできる。長続きしないダイエットを成功させることもできる。

タロットカードやオラクルカードを使用しなくても未来を知ることもできるだろう。

私たちの中に眠る進化の過程の遺伝子を使うこともできるだろう。もちろん憎い相手に大怪我をさせることも、瀕死《ひんし》の状態にすることも、呪殺《じゅさつ》することもできるだろう。

また誰かにかけられた呪いを解除することもできるし、霊的存在にとり憑かれた人を救済することもできるだろう。それに大いなる啓蒙を得ることもできるだろう。

第2章

混沌魔術の基本を学ぶ

混沌魔術の5つのテクニック

混沌魔術には5つのテクニックがある。

1．エンチャントメント

あなたの意図だけを使用して現実に直接的に変化を与えようとする試みである。多くの混沌魔術師が最初に行う魔術が「エンチャントメント」である。

2．召喚

神、女神、悪魔に憑依《ひょうい》されることで、その力を借りること。これは、相反する原理の全てを扱える。簡単にいえば、光と闇。

また多くの古今東西の神や女神に憑依されることで、その力を借りること、または知識を得ることである。

3．喚起

魔術的な存在に自分の意図を託して代行してもらい、現実に変化を起こそうとしたり、インスピレーションを得る試みである。サーバント（従者）を作り出すこと、使い魔を生み出すことで意図を託す。

ここでよくあるＧＯＥＴＩＡ（17世紀から伝わる作者不明のグリモワール『レメゲトン』の第一の書のタイトル。ＧＯＥＴＩＡに興味のある方は魔術堂［286ページ参照］で邦訳された同人誌が販売されているので参照してほしい。私は混沌の魔術結社「イルミネーション・オブ・サナテエロス」［ＩＯＴ］のメンバーだった時代、ゲーティア、ゴエティアとは何かと聞いて説明を求めたが、通じなかった。ＧＯＥＴＩＡとメモに書いたら、ゴーシュと皆が言った）の悪魔も含まれるのだが、それはその悪魔の効果を信じなければ何も起きない。

例えばＧＯＥＴＩＡでワインを水に、水をワインに変える悪魔が紹介されているが、そんな悪魔を喚起したとして、他に何を命令しろというのか。それが不思議である。

ユング心理学のおかげで、近代魔術師が魔術をユング心理学で説明することが当たり前のようになった。だが、ワインを水に、水をワインに変えるのは、ユング心理学的解釈で意識の変化を意味するとでもいうのだろうか？

多くの混沌魔術師は、自分の意図に合わせて霊的存在（サーバント）を創造する。その方が効果的だからだ。

4．占術

混沌魔術師は必要な情報を得たり、未来を見ることができる。だが、フォーチュンテラーではないし、お悩み相談を受ける占い師でもない。この混沌とした宇宙に住んでいる我々は、占いで未来を的中させることは難しい。チョウが空中で羽ばたき、それがやがて、台風の原因となるバタフライ・エフェクトを考えても、未来を的中させることは難しい。

5．啓蒙

あなたの意識に変化を起こす。それにはエンチャントメントと召喚と喚起を同時に使うことである。または専用の啓蒙儀式を行うことで、即時に意識を変える効果を持つ。あなたが意図したならば、長年吸い続けた煙草《タバコ》ですら啓蒙儀式終了後にやめることができるだろう。またあなたの意識の中に眠る力を解放することもできるだろう。それは魅了の力であったり、金持ちになるための意識の開発であったりするだろう。

あなたの意図する意識や人格を変化させることが啓蒙である。混沌魔術師は啓蒙を多く行う。なぜならば、混沌とした宇宙で絶えず柔軟でいるために、自分自身をアップデートしなければならないからだ。

アップデートしない混沌魔術師はただの〝魔術師ごっこ〟でしかない。啓蒙は強力な魔術技法である。悪用されたら、そこでカルトが誕生する。

以上の**5つの技法を使うことで、あなたはあなたのリアルを作り出す。**失敗したらまた作り直せばいい。

従来の魔術ではこれができない。それぞれの魔術体系のカリスマが敷いたレールの上を走らされるからだ。混沌魔術師は分析して、5つの技法を使い、自分でレールを敷いて歩んでいくのだ。

混沌魔術を使うための基礎訓練

魔術を効果的に使うには、自分の心を完全に支配しなければならない。これができないなら魔術はできない。

まず現代魔術とか混沌魔術の基礎修行をしていない人のために拙著『黒の書』で書いたこと

を再び書く。混沌の騎士団が改訂し続けている基礎訓練のポイントを紹介したい。

そしてはっきり言っておく。ソロ（一人）でやるには限界がある。もちろん匿名掲示板で魔術師になれる者はいない。

混沌魔術の基礎訓練は徹底した自己制御法である。その修行は**1日30分を目安に行って、必ず記録をつける**べきである。多くの魔術師にとっての宝物は魔術記録である。

私は30年記録を取り続けている。記録を書いていない現代魔術師、混沌魔術師はただの自称であろう。言ったもの勝ちと後出しじゃんけんは、魔術記録を付けている真剣な実践者から見ればただのパフォーマーでしかないのだ。

もしあなたが真剣に学びたいのであれば、魔術記録をつけるのが義務である。ノートなりリフィール（バインダー式の差し替え用紙）を用意して始めればよいだろう。

◎魔術記録には実践した内容と日時、天気を書く

魔術記録には実践した内容と、西暦の日時・天気を書いておくとよいだろう。そして修行したら何が起きたかを詳細に書く。

できればノート1ページ分を埋め尽くせるぐらいに詳細に解説すべきである。図説を含んでもよいだろう。

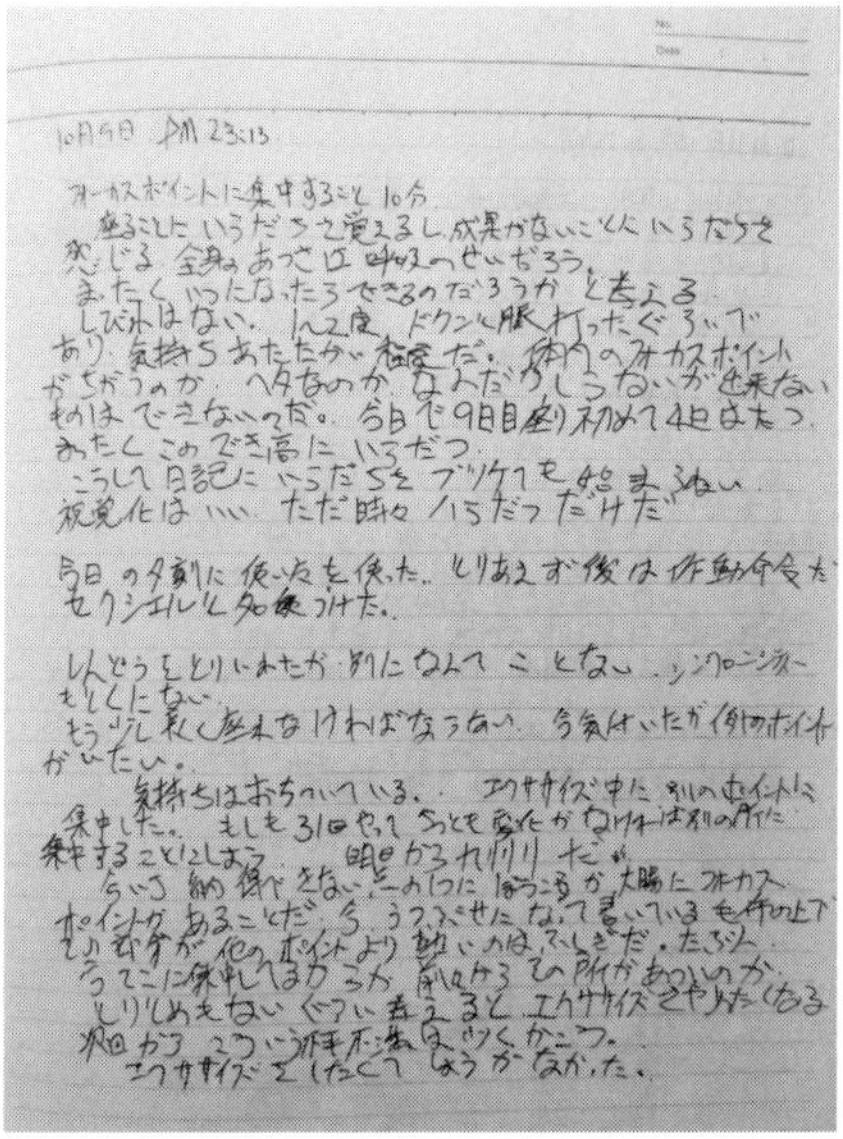

筆者が1997年につけていた魔術日記。これぐらい詳細に記した方がよい。

次の修行で注意すべき点や質問事項等も書いておくことが必要だろう。魔術記録は後であなたが成長したことを示す確かな証拠となる。これは誰にでも言っているが、1日30分の時間が作れない人は、時間管理を放棄した人生を流されるがままに生きている人だろう。

混沌の騎士団に入団しても、1日30分の自己制御訓練からドロップアウトする人は多いのである。

修行なしに何かを得られるとうたうカルトがあるようだが、それは役に立たないだろう。その手のカルトあがりから魔術師になる人間は、おそらく世界標準の混沌魔術の基礎訓練をクリアできないだろう。ノートと筆記用具の用意ができたら基礎修行を始める。

◎不動法——ピクリとも動かない（所要時間30分）

神の姿勢

ソファーではなく椅子に座り、背筋を伸ばし、あごを引いて膝《ひざ》を閉じる。手は脚の上に置き、目は開けたままにする。

正座

背筋を伸ばしてあごを引き、目を開けたままにする。よく医学的にどうこうという方がいるが、足が痺《しび》れるほとんどの原因は、お尻側で全てを支えようとするからである。膝を意識して座ると痺れにくい。

横たわる姿勢（これは何かしらの理由で、前述の姿勢ができない人だけが行う）

横になり目を開けたまま、腕は身体から少し離しておき、足は閉じておく。ただし布団やベッドの上で行ってはならない。

一度姿勢を決めたら、完成するまで姿勢を変更してはならない。まばたきもしてはならない。

はじめは一日30分、それを数週間から数ヶ月やる。気が付いたら背筋は曲がり、膝は離れていて、顔は上を向いているか、下を見ているだろう。修行中あなたは全身全霊で、自分の身体に言い聞かせる。「動くな」と。

そして最初に決めた姿勢が崩れていると気付いた時点で、即修正するべきである。舌も動いてはならないし、ピクリとも動いてはいけない。唾も飲み込んではいけない。

多くの方が無理だというが、人間は集中しているとき、まばたきもせず唾も飲み込まない。自分自身の身体である不動の姿勢はあなた自身にしかできないことである。数ヶ月するとあなたは体験できるだろう。

決めた姿勢が完全に不動化したとき、「こんなの経験したことがない。この姿勢こそ今までの人生で一番快適な姿勢だ」と言う人が多い。

最初の数ヶ月はまばたきや指の動きが最初の姿勢から崩れてしまい、魔術記録には失敗の連続だと書かれるだろうが、毎日30分行い続ければ必ず習得できる。

30分中20分以上不動の姿勢ができたら次の修行に進む。なお私の魔術記録では6ヶ月かかって習得している。

◎肺をフル活用する呼吸法（所要時間30分）

不動法を行いながら、ゆっくり深い呼吸をする。肺の全てを使い、息を吐ききってから、吸う。

数を数えて行いたいならば、心の中で8数えて吐き続け、8数えて息を吸う。なぜ8にしているか？　それは肺を目一杯使用してほしいからである。

伝統的な魔術では4カウントを使用した腹式呼吸が重要とされるが、8カウントはその倍に当たる。呼吸を能動的に行えば腹式呼吸になるので、意識して腹式呼吸をしなくてもよい。

肺を目一杯使い、呼吸することも、最初はとても難しいだろう。普段日常で私たちは肺をフル活用して呼吸していないからである。

あなたが生きてきた時間、肺をほとんどフル活用して呼吸していないのである。どうしても8カウントの呼吸が無理な場合は6カウントで呼吸する。

いずれにしても、肺をフル活用していれば問題はない。思考は循環する呼吸に向けておくこと。30分深い呼吸を行えたら次に進む。

◎思考の停止――全身全霊で思考を止める（所要時間20分）

不動法と呼吸法は身体に健康をもたらすだろう。しかしこの思考の停止は身体に直接関わることではない。不動法と呼吸法を行いながら全身全霊で思考を止める。

湧いてくる思考、意識の独り言やおしゃべりをやめることを意図して行う。おおよそ数分しか停止できないかもしれないが、あきらめることなく、ひたすら続けること。

私は思考は急には止まらないと教えている。やめようと思った瞬間に止まるわけがない。徐々に思考は沈黙し、やがて完全な沈黙が訪れることになる。

20分以上思考を停止することができたら次に進む。なお、ここまでに1年かかっても何も問題にならない。

◎目に映るものに集中することでトランス状態に（所要時間30分）

意図というものを使うときは、意識が邪魔しないようにする。あなたはまったく無関心なことに全身全霊で集中することを始めなければならない。

オカルト的なことではなく、自分に無関係で、形而上学的・哲学的ではないこと、感情的ではないこと、意味のないことを一つ選び、それに完全に集中すること。

私が指導するときは目に映るもの、例えばエアコンとか、カバンを題材にしている。これはカバンやエアコンの意味を考えるという修行ではない。カバンと決めたならばカバンにだけ全身全霊で集中することである。

カバンの定義などを思考で考えてはならない。そうした結果何が起きるか？　あなたは我を忘れた状態であるトランス状態になるだろう。

1日30分続ければ必ずできるようになるだろう。そして一回対象を決めたら集中できるようになるまで変更してはならない。

◎聴覚集中――呪文を唱え続ける（所要時間30分）

この修行は呪文詠唱《えいしょう》すなわちスペルキャストのエンチャントメントの基礎修行になる。内声（声に出さずに心中で唱えること）でも実際に声に出してもいいので、「フウスアルク」（ルーン文字の最初の6文字フェフ・ウルズ・スリサズ・アンスズ・ラド・ケナズのこと）、「色即是空・空即是色」「アブラカタブラ」、「オウム・マニ・ペド・フーム」（チベット仏教圏の真言）のどれかを一つ選んで30分間唱え続ける。

唱えること（内声でもよい）で思考や雑念を発生させないようにする。一度選んだ言葉は変えてはならない。

そのうち自動再生されるようになるか、寝落ちしたかと思えても選んだ言葉は聞こえ続けているだろう。これは唱えることではなく、聴くことが目的である。

自動詠唱を経験するか、寝てしまった後に選んだ言葉が聞こえている状態を経験するまで続ける。それができたならば次に進む。

◎物体集中――物体に集中することで、思考を停止させる（所要時間30分）

不動法と呼吸法をしながら、ある程度の距離（60センチ以上）離れた物体に集中することで、心から湧き出る〝独り言〟や思考を停止させる。画鋲《がびょう》や壁のしみでもよい。混沌の騎士団ではトランプのハートのエースをプリンターで印刷して、60センチ以上離れた壁に貼りつけ、それに集中することを勧めている。

はじめは集中した物体が動いたり、分裂したり、発光したりするだろう。さらに心は気が付くと〝独り言〟を始めている。

物体に集中することで思考を停止させる。かつ物体は完全な静止画状態になっていなければならない。

発色も、分裂も、動きも封じなければならない。普段、眼鏡をかけている人は眼鏡を使用して行う。

やがてあなたは「集中した物体と自分以外にこの宇宙には存在していないのではないか?」と思えるような神秘的な体験をするだろう。

この修行は眼で魔術を行うことの基礎訓練となる。もしかしたら、あなたが熟達した混沌魔術師に成長したとき、伝説の邪眼《じゃがん》を持って対象者を凝視することで数秒間、相手を操れるようになるかもしれない。あるいは恐怖させることができるようになるかもしれない。

この修行は隠された秘密を暴き出す基礎を作り出す。

◎視覚集中——単純な図形を心の目で思い描く

混沌の騎士団がハートのエースを物体集中で推奨する理由は、視覚集中につながるからである。まず目を閉じて、単純な図形を心の目で(閉じた目の前の暗闇に)思い描こうとする。

混沌の騎士団の方法に従うならば、数ヶ月にわたり毎日30分見続けたハートのエースを、目の前の暗闇にありありと思い描くことは簡単だろう。しかしそれを数分維持することがどれぐらい難しいかをあなたは体験するだろう。

まず閉じた空間に決めた図形をはっきりくっきり見えるようにする。この段階が終わったら、目の前の壁や、脚に置かれた手の甲やスカート、ズボンに図形を描けるようになる。

「どうやって見えるんですか?」とよく聞かれる。私の場合、視覚集中をすると、目の前の壁を意識しなければ、壁の向こう側が見える。目の前の壁に気づいた瞬間、壁の向こう側は見えなくなる。しかしそこまで鍛える必要はない。

あなたの自我が視覚集中したものを現実だと誤認できれば十分である。わずか数秒でもいいから、現実のように見えなければならない。これを視覚化という。

視覚化は印形魔術や独立した霊的存在を作り出すための基礎訓練になる。

聴覚集中では呪文詠唱により、物体集中では凝視《ぎょうし》により、視覚集中では視覚化により「精神の編集者」（魔術的現象を邪魔する機能を私はこう呼ぶ）を瞬間停止させる。この3つの修行には果てがない。鍛えれば鍛えるほど上達するだろう。

極度の集中をすることと、継続することが唯一の近道であり、そのために決意して修行すべきである。決して妥協してはならない。これができない混沌魔術師は混沌魔術師ではないのだから。

第3章

混沌魔術の修行を始める

変容は意識が二重性で成り立つことを明確にする修行

1　些細《ささい》な習慣を放棄する

何でもよい。何か日常的な些細な習慣を放棄すること。例えば携帯電話を右手で操作しない、靴を履くときは右からではなく左から履くなど、ストレスにならないことで何かを一つやめること。

例題はいくつもあるだろう。何かをやめるということは、その逆の習慣を取り入れることになる。例えば家の電気のスイッチをオン・オフするとき、右手を使うということをやめれば、新しい習慣として左手で電気のスイッチのオン・オフをするという習慣を取り入れることになる。

変容は我々の意識が二重性で成り立つことを明確にする修行である。あなたの意図で意識は変容できることもはっきりするだろう。

その習慣はそれが些細なことでも、今まであなたが選択せず習慣化したことであり、あなたの個性の一つとなっている。**それを放棄することは、あなたが新しく変容する**ことになる。あなたは精神の自由を一つ得ることになるだろう。

次に紹介する二つの変容は瞑想する（熟考する）ことで会得できる心的状況である。

2　非固着／非無関心――「固着しないが無関心ではない」

これは混沌魔術師が魔術を扱うときに必要とされる心的状況である。何かに固着しないが、決して無関心ではない。そういう精神状態である。

固着には善良な固着もあるだろうし、悪質な固着もあるだろう。おおよその人間関係は固着に帰結しているように見える。

毎日30分瞑想し、「非固着／非無関心」の心的状況を会得しなければ、あらゆる魔術的行動は行えないだろう。「固着しないが無関心ではない」という精神的変容を達成できたならば次の変容に進む。

3　笑《ラフター》／笑《ラフター》――笑いのツボを自由自在に扱う

多くの日本の混沌魔術師が正しく変容していないように見える。「笑／笑」は、毎日30分瞑想して会得できる変容である。「笑うマネ」をすることではない。

最初は心の中で微笑むことしかできないだろう。だが修行を続けていくうちに、愉快で面白くなり、おかしくて笑えるようになるだろう。

人間は楽しいことに出会ったとき、微笑むことができる。それを追求すれば、笑いのツボを自由自在に扱えるようになるだろう。

さすがに絶望の中で愉快に笑える混沌魔術師を私は知らないが、怖いときや不愉快なときには心からおかしくて笑えるようになるだろう。必要なときに大笑いできるようになるまでには、長い時間がかかるだろう。

しかし、「非固着／非無関心」と「笑／笑」が身につけば、混沌魔術師にとっておおよその不愉快な出来事に囚《とら》われることはなくなる。笑い飛ばすことで、あらゆる出来事をリセットできるようになるだろう。

以上3つの変容は魔術記録にしっかりと記録する。精神が本当に、変容できたかを確認するためだ。

笑うマネではないし、無関心を装うことが変容の目的ではない。精神状態が本当にそのようになるためのプログラミングである。妥協せずにしっかりと瞑想し、熟考し、行えるようにしたい。

明晰夢《めいせきむ》の活用法――夢の記録を付ける

明晰夢とは、睡眠中に夢を見ているときに、それが夢だと自覚して夢を制御できるようになることである。この修行のために**ノートを別に用意して、夢の記録を付けるとよい。**就寝時からスタートする修行である。

夢を見ないあなたは、眠りに入るまで「私は夢を見る」という思考をリピートしなければならない。起床したとき、夢で見た内容を全て記録する。できるだけ詳細に記録することが必要だ。

もしあなたが朝、あわただしいならば、普段より10分早く目覚まし時計をセットして、起床したとき、ＩＣレコーダーで夢で見た内容を録音することだ。そうやって夢を記憶できるようになったら、次にあなたがすべき修行は、夢を夢だと自覚することである。

夢を自覚することは難しい、最初自覚しても、恐怖で目が覚めてしまうかもしれない。精神の編集者は夢の自覚ですら妨害してくる。それは金縛りや幽霊を生み出すことで、あなたの夢の自覚を妨害して、起床させようとする。

心が折れることなく眠りに墜ちるまで「夢だと自覚できる」という思考をリピートさせて寝

ること。混沌の騎士団で論議されたが、ショート・スリーパー（短い睡眠時間で健康を保っていられる人）かロング・スリーパー（睡眠を長く取る人）かは、夢の自覚ができるかどうかには関係ない。まず熱心に寝落ちするまで念じることである。

チャンスは年に３６５回もある。全睡眠を夢の自覚に捧げることが重要である。

あなたが夢の中で夢だと自覚できるようになったとき、最初は思うように動けないだろうし、夢の中で見ている風景がコロコロ変わるだろう。なぜこのような現象が起きるのか？　それは精神の編集者があなたの明晰夢を邪魔しているからである。

この邪魔を克服するために、超人的な決意を必要とする。あなたは何か視点を固定するものを決める。足や髪の毛でもいいし、有名なのが手のひらである。

とにかく寝に落ちるまで**「夢の中で夢と気が付いたら、自分の意志で決めた部位を見る」**という思考をリピートさせる。ここでは、手のひらをたとえとして説明していく。

はじめのうち、あなたが夢の中で、自分の意志で手を顔面の前に近づけて見たとしよう。指が９本あったり、突然手が伸びたり、手自体が消えてしまったりするだろう。それほど精神の編集者はあなたに夢のコントロールをさせたくないのである。

また手を顔面に近づけるようになるまで、ものすごいスローモーションになるかもしれない。何より衝撃的な体験であるので、目が覚めてしまう可能性が高い。しかし、怠ることなく全睡眠を夢のコントロールに捧げよう。

また二度寝すると明晰夢を見やすいと言われているようだが、明晰夢自体は決して睡眠時間全てに影響しているわけではない。比較的浅い睡眠時に明晰夢が起きていることが観察されているようだ。

二度寝や昼寝で明晰夢が起きやすいのは、浅い睡眠状態だからだと言えよう。明晰夢自体がレム睡眠時に起きるという考えもある。いずれにしても、今あなたが修行すべきことは夢を夢と自覚して、集中対象である手を見続けることである。

退去儀式——退去するための象徴と呪文を決める（所要時間5～10分）

退去儀式とは、魔術を実践したり、修行したりするときに邪魔をするものを（それが霊的存在であっても）排除し、魔術師が集中しやすい環境を作るための儀式である。また儀式の後の退去儀式は残留する魔術的なエネルギーを追放し、現実をしっかりと認識させる儀式のことも指す。

小さな五芒星《ごぼうせい》の退去儀式（黄金の夜明け団が考案した退去儀式）が有名だが、これには大天使ラファエルやガブリエル、ミカエル、ウリエルの存在を信じていなければならない。それに、ラファエルを視覚化しラファエルに関連している出来事まで視覚化しなければならないので、複雑である。

退去儀式は自分が納得すればするほど効果的なものであり、自分が信じていることで最大の効果を発揮する。どの退去儀式にも共通点がある。

1　周囲が何かの象徴で囲まれていること
2　何かしらの呪文や言葉が使われること

退去儀式を作るのは簡単である。まずあなたが吟味した象徴、すなわち五芒星でも六芒星でもいいし、書き順はどうでもよい。

自分を中心に、前後左右おおよそ時計回りに五芒星を杖で空中に書いて視覚化すればよい（杖の使い方については第5章を参照）。そのとき、呪文を作っておくとよいだろう。例えば、

「私は不要な全てを追い払う」
「私は集中しやすい空間を作る」
「一切に邪魔されない」

などのように呪文化すればよい。呪文の作成については第5章の「エンチャントメント」を参照してほしい。

もしあなたが霊的存在がいると信じているならば、「私を邪魔する霊的存在を追放する」の

ような言葉から呪文を作り出し、五芒星や六芒星を描くとき呪文を唱えればよい。

あなたが結界という思想を持っているならば、結界を形成することが退去儀式になるだろう。ここでは、「私を邪魔する霊的存在を追放する」を例として説明する。

「わたしをじゃまするれいてきそんざいついほう」

だとすると、でき上がった呪文は、

「ジャスルザツワー」（わたしをじゃまするれいてきそんざいついほう。という言葉を適当に並び替えただけであり使用していない言葉もある）

となる。

あなたは杖を使って、目の前にエネルギーのラインとして雷《かみなり》で五芒星を描き、それを視覚化する。描き終えたら視覚化した五芒星の中心に杖を置き、「ジャスルザツワー」の呪文を唱える。

この呪文の威力で、描いた雷の五芒星がより電気質を帯びたところを視覚化する。自分を中心にして、前後左右や右回りに45度ずつ五芒星を描いて同じことをすればよい。

こだわりたいならば、全てに五芒星を刻印した後、頭上から無数の雷が降り注いだところを視覚化し、あなたを邪魔する霊的存在を、雷の音と再現された稲妻で追い払った空間として印象づければよいだろう。

役立ち、神聖だとあなたが思う効果が青い炎であるならば、青い炎を使えばよい。神々しい光なら、その光で自分の周囲を囲んで強く視覚化する。呪文を唱えるだけでも効果はある。五芒星や六芒星には象徴性があるので、その象徴性を理解していればより効果があるだろう。ただし、あなたが信じているならばだ。

重要なことはあなたが理解して、あなたが信じて、あなたが作り出すこと。ただそれだけである。

信じもしないラファエルに頼るより、あなたがクトゥルフを信じるならば、クトゥルフ神話（ハワード・フィリップス・ラブクラフトが書いた小説に登場する神や、彼の作品につらなる作家が作りだした神の話）の存在を使った方がよいだろう。

意識の構造と魔術意識

ここでは意識の構造を説明し、魔術意識について詳細に解説する。

◎オカルト現象から引き離そうとする「精神の編集者」

私たちの意識と無意識の間には、「精神の編集者」と呼ばれるメカニズムがある。私たちが無意識に接触しないように24時間働いている。

この精神の編集者は、オカルト現象が起きたとき、私たちを日常に留まらせようとして、ありとあらゆることを行う。主に「気のせいでしょ」や「偶然だよ」という考え方をとり、起きたオカルト現象にフィルタリング（分類）をかけようとする。

おおよそが科学者ではないが、科学的見解や常識というものをとっさに持ち出して、オカルト現象を否定しようとする。オカルト現象を否定しきれないときは最悪の場合、肉体的不快感を発生させる。

頭痛や吐き気や出血を起こし、オカルト現象から引き離そうとする。記憶のねつ造すら行う。それが精神の編集者の役割である。

これは神が作り出した意地悪な機能ではない。人間が成長することで発生する機能である。子供時代には、精神の編集者はあまり機能しない。

私は合計40名の小さい子供が言葉を覚え始めた頃、両親の承諾を得て「お母さんのお腹にいたときのことを覚えている?」と質問したことがある。そのうち21名が、お腹の中にいたときの記憶を話してくれた。

多くがお腹の中で蹴ったり、パンチしていたと話し、さらに光が存在していたと報告してくれた。しかしこの子供たちは大人になると、お腹の中にいたときの記憶を忘れてしまう。これはその記憶が不要だからだろう。

思い出そうとしても思い出せない。そこに精神の編集者が影響している。

精神の編集者は私たちを日常と現実に意識を固定させる役割を持っている。混沌魔術では魔術を使うために、精神の編集者を一時的に機能させなくする方法を掲げている。

ただし、これらは基礎訓練を終えていない者にとってはほとんど意味のない行為だろう。魔術意識へギアチェンジするには二つの方法があるとされる。

◎魔術意識になる二つの方法

1　興奮型――興奮して我を忘れた状態になる

これは誰もが一度は経験したことがあるだろう。興奮して我を忘れた状態を使う。

その方法とは、**感情を刺激しスパークさせる方法で、性的オーガズム、ダンス、歌の熱唱、楽器の演奏、過呼吸、自分を軸にして回り続けること（旋回）、浴槽に水を貯めて一気に入ること**等を含んでいる。

興奮型の特徴は、徐々に徐々に意識が上り詰め、ピーク時のほんの瞬間、精神の編集者が機能をやめることである。浴槽に水を貯めて一気に浸かることは瞬間的な方法論である。これは、魔術テクニックの全てに共通して行えることではないだろう。

激しい行為のほとんどが興奮型の魔術意識を引き起こす。そして私は性的オーガズムが万能だろうと考えている。これは拙著『21世紀の性魔術の実践』で書いたことだが、性的オーガズムを使うことが「汚い、邪悪、無理、苦手」という方は、自分の潜在意識に閉じ込められている膨大な魔力を無視しているだけである（過去に性的な事件に巻き込まれ精神的なトラウマを負っている方は除く）。しかしながら人間の創造と誕生は性的交わりによって生じるわけだし、苦手だと言っているあなた自身が、性的オーガズムの産物であることを忘れてはならない。

性のオーガズムの瞬間、印形は視覚化する。または書かれた紙に集中することでエンチャントメントになる。

オーガズムの瞬間に、あなたはサーバント（従者）を呼び出すこともできるだろう。神を召喚することもできるだろう。占うことすらできるだろう。

ダンスや歌の熱唱をするにはある程度の感情移入が必要である。あなたがダンスのレッスンを受けているならば、それを効果的に使うことができるだろう。歌の熱唱に関しても、同様に訴えかける歌唱力が必要になるだろう。

楽器の演奏に関しては、あなたがすでに楽器に関する特殊訓練を受けているなら、自分で適切に使うタイミングを心得ているはずだ。

感情を刺激しスパークさせるには、対象なしに感情を呼び起こす必要がある。ムカつくことを思い出すことで、憎悪の感情をスパークさせることが可能だが、ムカつく相手を対象に選べば、集中力はムカつく相手に向かって働く。そうなると感情のスパークは副作用になるだろう。

意味なく罵詈雑言《ばりぞうごん》を吐き、ヒステリックになる方法を使うときも、対象の人間がいてはならない。ネガティブな感情だけではなく、ポジティブな感情を刺激してスパークさせることについても同じことが言える。

うれしかったことを思い出すことに集中したとしても、思い出に浸るべきではない。罵詈雑言やヒステリーから魔術意識になってもまったく意味がない。魔術はメンタルヘルスが健全でない者が使う傾向があるように思える。

「旋回」は自分を軸にしてグルグル回転することである。この技法では回転し続けることで、あなたの意識は恍惚状態となり、魔術意識へと変性される。

回転するスピードは速い方がよいだろう。しかし多くの大人がこの旋回を行うと気持ちが悪くなる。

小さい頃一度はやったことがあるだろう。くるくる回る遊びを応用しているだけなのだが、10分間高速で旋回すると気分が悪くなる。

フィギュアスケートの回転と同じことをしているのだが、フィギュアスケートの選手たちは気持ちが悪くならないように訓練しているのだろう。旋回も修行するしかない。

誰もが目が回るのだから、あなたが旋回し自分の存在が消えたという体験をするまで、毎日回り続けるしかない、よくある話で、遠くを見つめながら旋回するとよいという。だが、あなたは自宅で行うだろうから、遠くと言われても限界がある。

三半規管《さんはんきかん》と視覚が気持ち悪さに関係しているらしいが、目を閉じて旋回しても気持ちが悪くなるだろう。旋回も修行し続けてできるようになるしかない。

イスラムの神秘主義スーフィズムの旋回を動画サイトで見ればわかるが、彼らは1～2日では旋回をマスターしていない。そこに至るまで長い修行を行っているのだろう。

浴槽に水を貯めて一気に入るのは簡単な方法だが、真夏は効果がないかもしれない。入った瞬間、驚きであなたの精神の編集者は停止するが、慣れてしまうと真冬でも平然とできてしまうかもしれない。

過呼吸はさほど修行を必要としないだろう。全力でランニングすればよい。限界まで走り続ければ過呼吸と同じ状態になるだろう。どの興奮型でも、何回も修行すべきである。

2　抑制型――物体集中と聴覚集中

基礎訓練のほとんどがこの抑制型に当てはまる。物体集中と聴覚集中は抑制型の魔術意識に至る道である。

不眠、断食、極度の疲労、視界の集中、死の姿勢――多くの実践者が、抑制型の魔術意識を採用する。混沌の騎士団の魔術師ですら、そうである。

理由はまず性的オーガズムを利用したくないから。そして抑制型は、死の姿勢以外は長時間、魔術意識になるために時間を必要とする。徐々に沈黙させることで最終的に魔術意識になる。これが抑制型から魔術意識になる方法論である。

例えば**「スペルキャスト」**。これは聴覚集中することでできる。呪文を使う方法は、体質にもよるだろうが、少なくない行者にとってはまったく効果がないかもしれない。般若心経1000巻を私は唱えたことがあるが、魔術意識になることはなかった。

正念誦《しょうねんじゅ》といって、供養している諸仏菩薩天の真言を1000個唱える方法がある。これでも、魔術意識にはならない。散念誦では関係する諸仏菩薩天の真言を唱え続けるが、これでも魔術意識になったことはない。

「不眠・断食」は密教で行われるが、1～2日では魔術意識に到達しないと思われる。抑制型では死の姿勢以外、魔術意識になるには時間がかかる、人によっては魔術意識になるのに数日かかるだろう。

「視界の集中」はあなたの視野全て（上下左右の視野全体）をいっぺんに見ようと試みることで達成できる。

そのとき、思考はなるべき働かせず、上下左右全てを同時に見ようと試みる。やがて意識は沈黙し魔術意識になるが、これも数十分から数時間は必要とするだろう。

「死の姿勢」が最も訓練を必要としないと思われるかもしれないが、それは大きな間違いである。死の姿勢は眼を閉じ、耳をふさぎ、鼻と口をふさいで、そのとき思考すら発生させないで、ひたすら我慢する。無意識に姿勢が解除される瞬間、そこには恍惚《こうこつ》と快感が訪れる。

そこまで訓練するには1～10回ではできない。あなたの決意の力が強ければ、低酸素血症であなたの脳はダメージを受けるだろう。自分で息を吸うことができない。これは素潜りの選手に起きる問題とまったく同じである。

私は死の姿勢を行った混沌魔術師が自発的に呼吸することができなくなり、失神し激しく痙《けい》攣《れん》した姿を何度も見てきた。酸素缶などを用意しても、息をすることができないのだから無駄である。

激しい痙攣が続き、その間の意識はない。死の姿勢を簡単に紹介した違法翻訳の本があるが、その本は間違えている。死の姿勢には修行が必要であり、ビギナーズラック（初心者が持っている幸運）が通じることはない（なお、死の姿勢についての詳細は『黒の書』を参照）。

また別の死の姿勢として、**数メートル離れた鏡に映る自分を見続ける方法**がある。必要なのは鏡や、自分自身が映るフィルム（ホームセンターで買える）で、最低1メートル離れて鏡に映る自分をまばたきせず見つめる。そのときも思考を自由にしてはいけない。思考の停止をしながら、あなたはあなた自身を凝視し、やがて訪れる魔術意識を待たなければならない。

以上、興奮型と抑制型の二つの魔術意識を同時に行うことはできない。そして多くの魔術技法は興奮型の魔術意識状態の中で行われることが多いだろう。

さらに読んだだけでできる問題ではなく、魔術意識でも修行が必要である。私は旋回をマスターするのに8ヶ月かかった。その代わり15分旋回し続けることができるようになった。修行あるのみである。

なんでもお手軽にできるようなものはない。全ては修行の上に成り立っている。性のオーガズムですら得るのに修行が必要だろう。オーガズムに達する瞬間、激しく集中しなければならないのだから。

魔術意識になる一歩手前に「魔術的トランス状態」がある。これは夢うつつの意識状態であり、誰でも経験したことがある意識状態である。

例えば**起床する数秒前、眠気が残っている状態、ぼーっとした状態、体調が悪く意識が朦朧とした状態**等々。魔術的トランス状態を拡張すれば、魔術意識になる。

私は混沌の騎士団の団員が遊園地の絶叫マシンで、魔術をしたと聞いたことがある。この手のインパクトある方法は、魔術技法のうち、一つしか扱えない。

結論から言えば、魔術技法たった一つのために絶叫マシンに乗るのはバカらしい。そういうチャンスがたまたまあって、そのときに、その技法を使おうというなら話は別だが、神や女神を召喚してその力を利用するときには完全に不向きな方法だ。

もちろん、極度な緊張がいつ訪れるかわからない。そのために印形や呪文を作り置きしておくのはよい。チャンスが到来したときに印形に集中することや呪文を心の中で唱えることは推奨する。

混沌魔術師は興奮型の魔術意識を修行することが多い。事実、それが苦手な魔術師は皆抑制型の魔術意識を練習したがるだろう。

好き嫌いは関係ない。これは修行であって、苦手だとか好きだとかということで行うべきではないのだ。

中世の魔術師たちは、魔法円（神の名前等が書かれた図形、153ページ参照）の内部をぐるぐる周回し、呪文を唱えたり、真夜中の墓地で恐怖を感じながら悪魔を呼びだそうとした（この方法も効果があると信じなければ効果はない）。もちろん現代でも野外の山中や暗闇の中、一人でいれば恐怖が襲ってくるだろう。

そこまでして魔術を行使する必要はないだろうが、チャンスが到来したならば積極的に利用することが望ましい。しかし多くの混沌魔術師は自宅でひっそり行うだろうから、抑圧型ばかりが行われる。だが、それは推奨されるべき姿勢ではない。

ここでは興奮型の二つの修行と抑圧型の二つの修行を推奨しておく。あとは個々人が選択して、任意で修行を続けるべきだ。そう言うだけに止めておく。

しかしはっきり言うが、集合住宅で、家族にばれたくないから興奮型を実践しないというなら、あなたはその環境を変えるためにエンチャントメントをすべきである。そうすれば、あなたは変わる必要があり、魔術の技法は興奮型で行われることが当たり前であると気が付くだろう。

神や女神を呼び出すことは、祈りに感情移入し訴えかけ、感情をスパークさせることで、魔術意識になることである。性魔術のパートナーがいれば、召喚する神を女神として視覚化し、オーガズムの瞬間、パートナーと合一することで憑依を可能とする。

パートナーがいなくてもできるのが召喚だが、抑制型で死の姿勢以外の方法と聴覚集中や物体集中で召喚を行うのは長い時間がかかるだろう。いずれにしてもあなたが上達すれば、いろいろな方法論をマスターして状況に合った魔術意識の使い方を覚えられるだろう。

コラム　混沌魔術の歴史①

◎混沌と付けられた経緯

一見恐ろしいカオス（混沌）という名がつき、黒魔術を連想させる混沌魔術とは一体どのような魔術なのだろうか？　大まかな説明については『黒の書』を読んでほしいが、今回は『黒の書』に書かなかった内容を書いていく。

混沌魔術は１９７０年のイギリスで生み出された。「成功の魔術」または「結果の魔術」と呼ばれていた魔術に混沌と付けられるようになったのは、１９７８年のピーター・キャロルの著作『リベル・ヌル』（邦訳は『無の書』国書刊行会）で初めて混沌魔術として紹介されてからである。それ以降、広く伝わり始めた。

またパンクロックが影響したという見解があるようだが、ピーター・キャロルはパンクロックがたまたま同時期に広がっていただけだと言っている。キャロル自身は「ピンク・フロイドやクリムゾン・グローリーを好んだことは事実だ」と私信にて述べている。

1970年代、イギリスの魔術はアレスター・クロウリー崇拝（注）と魔女宗の影響下にあったが、これら二つは宗教である。混沌魔術の誕生とは、アレスター・クロウリー崇拝や魔女宗——ウィッカ——という宗教魔術に対するカウンターパンチだと言えよう。

混沌魔術を語るには、混沌魔術の創始者ピーター・キャロルともう1名の魔術師レイ・シャーウィンに登場していただかなければならない。レイ・シャーウィンは『ニューエクイノックス』（The New Equinox）という魔術を解説する雑誌を発行しており、ピーター・キャロルは定期的に原稿を書いていた。

この2名が混沌魔術の提唱者として働き、混沌の魔術結社「イルミネーション・オブ・サナテエロス」を創立した。そして1982年に「サイコノート」が発行された。「リベル・ヌル」も「サイコノート」も「イルミネーション・オブ・サナテエロス」（IOT）の教科書である。この2名により「成功の魔術」「結果の魔術」から混沌魔術という体系が確立された。しかしレイ・シャーウィンはIOTの位階制度を認めず即座に脱退した。なお、「リベル・ヌル」「サイコノート」の初版は1987年である。

◎どのように進化したか

なぜ混沌と名付けられたか？　それは宗教的魔術からの脱却を意味しているからだ。２０１９年、私は混沌魔術の元祖であるピーター・キャロルにインタビューした。彼はＩＯＴの創立時、「アレスター・クロウリー崇拝に代わる何かがほしかった」と述べていた。また「黄金の夜明け団のシステムを採用した」とも述べていた。

さらにピーター・キャロルは東方聖騎士団（アレスター・クロウリーが信じるセレマ宗教を学ぶ宗教団体。略称はＯＴＯ。東方聖堂騎士団とも）に対して、現在は批判的である。ピーター・キャロルはアレスター・クロウリーのセレマを宗教としている。セレマが何かを具体的に解説すれば1冊の本になるので、簡単に説明する。

（注）アレスター・クロウリーは自分を新しい時代の預言者と信じており、彼の魔術体系の至るところで自分自身の崇拝をよしとしている。一例として彼は大いなる獣という魔法名を名乗っているが、その大いなる獣には、聖母がお乗りになるという。ただ実際にはクロウリーやそれに追従《ついしょう》する信者がそう信じているだけである。またクロウリー自身は性差別をよしとし、女性を産めよ増やせよの道具程度にしか考えていない。避妊すると悪霊が生まれると信じている。今世紀に入ってもクロウリー美化とクロウリー崇拝は行われている。なお残念ながらアレスター・クロウリーは日本には立ち寄っていない。

セレマとはアレスター・クロウリーが、エジプト滞在中に霊的存在アイワス（エイワス）から伝えられた内容を書き留めた『法の書』（国書刊行会）に関連するものだ。読んでも意味がわからない散文詩だが、クロウリーはこれを解説し、**セレマ（法）**とした。

私もセレマは宗教だと思う。なぜならばアレスター・クロウリー自身が著作において、「狙いは宗教である」とはっきり述べているからである。

また研究家というよりセレマ信望者は、セレマ哲学とセレマ宗教とを使い分けている。確かに哲学と宗教は異なる分野であって同一ではない。

混沌魔術にも進化があると思われている。

まず誕生した1978年に、ピーター・キャロルとレイ・シャーウィンにより作られたIOTという魔術結社が存在した。『無の書』と『精神航海者』の中では魔術の専門用語を全部はぎ取ったらシャーマニズムになると書かれている

次のステージはIOTの拡大であるといえよう。ドイツで書店を営んでいたFraUDことラルフレクト・マイヤーが、『無の書』と『精神航海者』をドイツ語に翻訳し、1986年にIOTに入団した。そして「IOTドイツ」を設立した。

1988年、「アメリカIOT」が設立された。1990年代、IOTには文豪ウィリアム・バロウズや、悲劇の心理学者ティモシー・リアリー、イルミナティの陰謀論で有名な、ポップオカルトの元祖

ロバート・アントン・ウィルソン（1975年に小説『イルミナティ』3部作を発表した）が入団した。IOTは全盛期を迎えるが、1995年ピーター・キャロルはIOTをやめている。

ことの発端となっているのが1991年にドイツIOTで実践されていた、選民思想魔術の**「氷の魔術」**である。これはドイツIOTのメンバーやラルフレクト・マイヤーが支持し、ヘルムート・バルへルというドイツIOTの団員が考えた魔術である。

選民思想の魔術である「氷の魔術」は、ゲルマン民族の遺伝子を持つ人間が実践できるとされている。少し解説を付け足すならば、スカンジナビア半島に住んでいた**ゲルマン人の遺伝子を覚醒させることで使用できる魔術体系が、選民思想の「氷の魔術」**である。

それは気と中国武術のトレーニングをヘルムートがマスターしたことから、考案された魔術である。この気と中国武術をカリキュラムとした結果、信望者は、睡眠時間すら削る武術訓練を行った。

さらに思想の内容は超右翼的であった。どの辺が超右翼思想なのか？　それはナチスの兵隊階級思想を含んでいたのだ。

ピーター・キャロルは「氷の魔術」を研究し、否定した。このときピーター・キャロルは新興宗教ごっこが起きて、「氷の魔術」はIOTを破壊したとインタビューで述べている。

ピーター・キャロルの言う新興宗教ごっことはラルフレクト・マイヤーが推進した超右翼思想とナチスの兵隊階級思想のことであり、当時のドイツIOTの氷の魔術信望者には中尉や将軍のような位階が付けられていた。

権威主義思想と「氷の魔術」を支持したＩＯＴメンバー、そしてラルフレクト・マイヤーとピーター・キャロルとの間に亀裂が生じた。これはキャロル本人から聞いたが、実際「氷の魔術」はほとんど知られていない魔術であり、ラルフレクト・マイヤーはＩＯＴのメンバーから批判された。すると、マイヤーは「氷の魔術の超右翼思想は歴史的長老の伝統だ」と主張してＩＯＴを去ったという。

それからラルフレクト・マイヤーは「レボリューション・イルミネーション・オブ・サナテエロス」を結成する。

またピーター・キャロルはインタビューで「ＩＯＴは3年制度の大学のように機能していた」と述べていた。多くの魔術師は3年でＩＯＴをやめ、それぞれがグループを作ったようだ。それを指しているのだろう。

このインタビューの中で、ピーター・キャロルは「今のＩＯＴは死んでいるのでないか?」と酷評し、数年前、ＩＯＴイギリスのメンバーと会ったことについても嘆いていた。

「今のＩＯＴイギリスはよくない人物の手に渡った」とも述べている。このようにピーター・キャロルは今のＩＯＴに関して批判的である。

第4章

召喚について学ぶ

召喚で、霊的存在の知識・力を借りる（所要時間30分）

「召喚」はゲームで有名になった言葉で、ゲームのキャラクターが異世界から存在を呼び出すことだと解釈されているかもしれないが、それは正しくない。

召喚とは、**あなたが意図した霊的存在に身体という神殿を提供する代わりに、その霊的存在の知恵・力を借りること**を指す。絶対究極的一者（絶対究極的一者とは私たち人間が理解することができない存在）以外ならば、なんでも召喚が可能である。ソウル（人間を作りだす善悪を超えた魂の核）は召喚できない。それ以外ならユング心理学の元型《げんけい》的な存在（無意識の力の作用点であり、意識と自我に影響を及ぼす）、すなわち大いなる母や老賢者、そして古今東西の神・女神が召喚可能である。

多くの混沌魔術師はローマ神話の神々を召喚する修行をはじめにやるかもしれない。確かにそれは神としてわかりやすいだろう。

天体の呼び名になっているマルス（マーズ）は軍神であり火星に対応し、マーキュリーという叡智と魔術の神は水星に、ヴィーナスは美と愛の女神で金星に対応している。

あなたが目的とする神や女神を探すことは簡単だろう。あなたがその神や女神の特質を知っていれば、その範囲で力を借りることができるだろう。ただし軍神に恋愛成就の力を借りるという発想はない。

ここでは単純に古典的な8つの惑星（魔術用語では太陽と月も惑星として扱う）のカテゴリーの存在を紹介する。木火土金水《もっかどごんすい》や、エーテル風火大地水や12星座の範囲でも召喚は可能である。

天王星……混沌魔術、暗黒の太陽。暗い緑。アルミニウム
土星……死、制限、呪い。恐怖。黒。鉛
木星……財産、幸運、価値。喜び。青。錫《すず》
火星……攻撃、活力、戦争。激怒。赤。鉄
太陽……成功、健康、支配。高笑い。黄。金
金星……平和、愛、芸術。優しさ。明るい緑。銅
水星……情報、知恵、技術。驚愕《きょうがく》。橙《だいだい》。真鍮《しんちゅう》
月……性、精神、想像。快楽。紫・銀

あなたがすべきことは、この最低限のキーワードから何を連想して、どのような神や女神がこの惑星を司るか、を考えることである。神話を何か一つ手に取って割り当てていく作業であ

スウェーデンの画家ゲオルク・フォン・ローゼンが描いたオーディン（1886年）

アイルランドの画家J・ドイル・ペンローズが描いたフレイア（1913年頃）

る。
土星の神にビジネスの情報を聞いても無反応だろう。恋愛成就の力を借りるのに水星の神を召喚しても、意味はないだろう。水星には商売繁盛を司る神が多いからだ。
医学、著述、学問、弁護は、水星の神の担当範囲だ。今の時代、盛んなのは情報産業なのだから、スマートフォンについて水星の神なら知恵を貸してくれるだろう。どのような神話体系でも、神や女神は人間の感情を擬人化した存在だという説もある。
多くの神や女神には共通点があることにも注目してほしい。例えば北欧神話のフレイアは、オーディン（北欧神話の神）にルーン（ゲルマン民族が用いた古代の文字）の使い方を教えた女神だが、見返りに要求したのはオーディンとのセックスであった。フレイアは夫がいても要求している。

この性の奔放《ほんぽう》さはシュメール神話の女神イシュタルも同じである。イシュタルは夫がいても120人を超える恋人がいるとされた。

フレイアもイシュタルも金星に関係する女神とされている。なおフレイアもイシュタルも美形の女神とされている。

まずは召喚したい神や女神を研究し、その神や女神がどのような事柄が好きか、を理解しなければならない。

性の神や女神を気軽に召喚するときには、土星にまつわる全て（例えば制限、死に関すること）は避けるべきだろう。それらは性の神や女神とは正反対の原理だからだ。

また死の神や女神は死に関する全てを司るから、腐乱した香りを好むだろう。一方で、太陽や月に関連することを忌み嫌うだろう。

あなたが何を信じるかはあなたが決めることである。従来の多くの魔術団体はエジプト神話の神々を使うよう押し付けてきているが、それは正しい魔術ではない。冥府《めいふ》の神オシリスを信じなければ召喚はできないだろう。

私は密教の存在を考えてみた。遠くの神より近くの神だと思うのと、私は幼少期に日曜日に数回教会に行ったが、キリストを信じているわけではない。そして親、親戚には「言うことを聞かないならば寺に預ける」と言われて育ってきた。それだけ密教や神道は身近な存在だったわけだ。

遊んだ場所も寺や神社の階段であったりした。

天王星の神は純粋に混沌魔術を司る神である。この神は混沌魔術師として生きるあなたに覚醒を促すだろう。それは現実の願望に対して直接効果があるわけではない。純粋に魔術に対してのアイデアやテクニックを含んでいるだけである。

守護神という考え方はない。だが、混沌魔術の道を歩み続ければ、あなたの潜在意識に隠されているソウルの輝き――**「オクタリアン・ファイア（octarian fire）」**と呼ばれるあなただけのカラーを知らせてくれるだろう。

それは個々人で異なり、後に説明するアストラルの魔術に関して必要な色彩となる。その色彩を使って幽体離脱したときに、印形を使うと効果的である。普段の印形魔術でも、その色彩を使うことで、異なる効果が得られる。

私の場合、オクタリアン・ファイアは電気質で青白く輝く。稲光の色と似ている。稲光は条件によって色を変えるが、もし稲光を近くで観察できるなら、その色は青白いであろう。

「人間は色彩に影響される」という説がある。それぞれの惑星には古典的に色が対応している。

胎蔵界曼荼羅（右）と金剛界曼荼羅

私は印形魔術を行うとき、この色彩を用いて視覚化して集中している。

この天王星に対応する密教の存在は、摩訶毘盧遮那《まかびるしゃな》であろう。全ての諸仏菩薩天明王が変化したのが摩訶毘盧遮那である。行者が修行する目的も、「なぜ、験《げん》力《りき》があるのか」も、全て摩訶毘盧遮那の存在に由来する。そこに日本の魔術の力源がある。

摩訶毘盧遮那とは「全一切」であって、そこにある原理はある意味で混沌そのものである。現在・過去・未来全てに存在する摩訶毘盧遮那から、他の原理が創造されたので、摩訶毘盧遮那は胎蔵界曼荼羅でも金剛界曼荼羅でも重要な位置を占めているのだ。

無限の宇宙一切が摩訶毘盧遮那であって、私の拙い文章も摩訶毘盧遮那の現れかもしれない。

摩訶毘盧遮那の召喚は魔術師に、魔術師という人生を歩ませるための啓蒙を与えるだろう。ただ、これは行者の修行プロセスで起き得ることだから、混沌魔術師がこの発見に驚いたとしたら、130 0年の歴史を持つ密教から失笑されるだけである。

摩訶毘盧遮那を天照大御神と考える場合もあるが、それは間違いだと思う。天照大御神は女神であるからだ。摩訶毘盧遮那に性別はないだろう。

摩訶毘盧遮那は二つの曼荼羅の主神である。別に曼荼羅をポジとネガで説明するつもりはないが、二重性であることは間違いない。

その二重性は内から外へ、外から内へ、という二重性である。とりわけ胎蔵界曼荼羅の中《ちゅう》台八葉《だいはちよう》（胎蔵曼荼羅の中心）や、金剛界曼荼羅の成身会《じょうしんえ》（金剛界曼荼羅の中心）を中心とした8つの界という区分は、混沌魔術師なら研究すべきテーマである。

そのテーマは、あなたが魔術師としてこの人生を歩むための決意を表明するものとなるだろうし、魔術の力の源ともなるだろう。「宇宙の一切」なのだから、あなたの精神宇宙を照らし出す光明《こうみょう》になるだろう。

◎土星の神――摩訶伽羅天は制限と死に関する知恵を授ける

死を司る神として多くの人が真っ先に考えるのは閻魔《えんま》であろう。ただ、この神は死者を裁く神であって死に関係している神ではない。ただ、制限を司る神でもある。死とは生への制限で

摩訶伽羅天

ある。故に密教の存在としては摩訶伽羅天《まかきゃらてん》が対応していると考えるのが妥当であろう。

摩訶伽羅天は、ヒンドゥー教のシヴァ神が世界を灰塵《かいじん》に帰すときに変化《へんげ》する姿であり、マハカーラの漢訳が摩訶伽羅である（写真）。

意味を説明すると、マハは「大いなる」で、カーラは「暗黒や時間」である。だからマハカーラは大いなる暗黒と考えればよい。マハカーラは日本で摩訶伽羅天となり、大黒天と同一視されるが、二つの姿はまったく違う。

摩訶伽羅天は三面六臂《さんめんろっぴ》（顔が3つに腕が6本）である。憤怒した顔で、牙があり、人間と山羊をわしづかみにしている。

摩訶伽羅天はさらに屍陀林《しだりん》を徘徊する。あるいは屍陀林に住んでいるとされる。この屍陀林というのは、死体を野ざらしに置いた場所を意味している。

摩訶伽羅天は取引に来た者には不老不死を与えるとされる。世界を灰塵に帰す姿である神が、不老不死を与えるとは思えない。後に説明するが、摩訶伽羅天はダキニ天を脅すために摩訶毘盧遮那が変化した姿とも考えられている。

前述の通り、摩訶伽羅天は大黒天と同一視される。大黒天は七福神で有名であろうが、摩訶伽羅天とはまったく別の存在と考えるべきである。この二つの存在を見比べればわかることで、摩訶伽羅天は激怒し世界を灰塵に帰そうとするマハカーラが元である。大黒天は俵の上に乗り微笑んでいる神である。

摩訶伽羅天はあなたに制限と、死に関しての知恵を授ける。もちろん対象者を殺してしまう死のストライクメス（対象者の生命を終わらせるメス）を投げる魔術の力をも供給するだろう。

あなたの悪習慣を滅することもしてくれるだろう。修行を積んだ魔術師ならば、摩訶伽羅天と真逆の神とのコンビネーションを組むことで**「再誕生」**を行えるだろう。

この再誕生というのはとても高度な技術であり、やり方を間違えれば、あなたは解離性同一性障害を引き起こすだろう。

◎木星の神――帝釈天は価値や富と結びつく

この惑星は、王たる神とされ神話では権力があるとされているが、物事に対する価値観にも対応している。それに木星は混沌魔術で価値があるとされており、それがお金に結びついている。

拙著『プチカオス』で私は木星の神には宇賀弁才天を配属させたが、ここでは帝釈天を配属させたい。帝釈天とは仏教思想の須弥山の頂上に住む天の長である。

ゼウスやジュピター（ラテン語で木星の意味）といった王者に対応しているのが帝釈天だと言えよう。帝釈天はインドラがルーツである。インドラはバラモン教において絶大な力を有し、雷を象徴する武器を持ち、敵（主に魔物）を打ち砕く。

この王者である帝釈天という存在はなぜ価値や富に結びつくのだろうか？　それは王者であるために金銭等に困らないし、王者故に価値を付けることができることに由来する。

おおよそ密教の存在は皆が皆、福徳《ふくとく》と称して金銭にご利益《りやく》があるように説明されているし、密教の修法では増益《ぞうえき》といって利益を増やす修法が護摩壇等では必ず行われる。帝釈天を扱った修法は空海や最澄が生まれる前には欽明天皇の時代に行われたとある。

お金というものは価値のシンボルでしかない。仮想通貨や通帳、クレジットカードでお金を示せるものではない。これらも価値のシンボルでしかない。

ゴールドやブラックのクレジットカードは、王者という名のセレブしか持てないだろう。しかしそれもあくまでシンボルであって、クレジットカードはステータスであり、お金そのものを意味してはいない。

帝釈天は王者であるから、あらゆる面で価値をもたらす。魔物を打ち砕くこと自体が価値を統一する行為だと言えよう。

悪が滅び善が勝つという神話は当たり前の価値観で、決定したストーリーであるように思える。帝釈天はあなたに、価値のシンボルであるお金に関して知恵と力を貸してくれるだろう。

また帝釈天といえば、映画『男はつらいよ』の柴又《しばまた》帝釈天が有名であり、私たちがよく知る帝釈天とはこの柴又帝釈天だと言えよう。

◎火星の神——摩利支天は日本では軍神となった

拙著『プチカオス』で、私は火星の神を不動明王とした。本書では最初大元帥《げんすい》明王を配属したが、のちに書き直して、摩利支天《まりしてん》とした。

摩利支天は陽光を神格化したものと考えられている。しかし陽光の神格化以前に歴史では摩利支天は戦国時代に多くの武将が崇拝している戦いの神なのである。

摩利支天が軍神となったのは日本独自に発展したものであり、戦国時代の摩利支天はイノシシの上に立ち、槍や刀を持ち憤怒《ふんぬ》の像になっている。

戦国時代、多くの天や明王が軍神として崇拝された。摩利支天はその中で、女天であるべき姿が軍神となり、憤怒の像となった。これも日本独自の進化をしたのである。

また摩利支天は隠形《おんぎょう》（自分の姿を隠すことができる修法）を得意とし、宿敵である阿修羅《あしゅら》と戦う際、隠形を用いて攪乱《かくらん》したという。このことから、多くの武人が摩利支天を崇拝した。毛利元就《もとなり》は毛利家の家紋の上に摩利支天の名前が書かれた軍旗を掲げて戦をした。また摩利支天はかなり厳格な存在として行者の間でも畏怖《いふ》され信仰されている。

私はある由緒正しい寺院から聖天浴油《よくゆ》法とダキニ天法三種を伝法していただき、摩利支天法を最後に学んだ。摩利支天法は修法では最速の効果があり、摩利支天鞭法《べんほう》は攻撃魔術に対して有効である。また摩利支天鞭法では八咫烏《やたがらす》が登場する。

八咫烏というのは3本足の烏であり、神の使いである。摩利支天鞭法ではこの八咫烏に摩利支天が乗っているものを本尊として使う。

いずれにしても摩利支天は日本で独自に進化し、江戸時代になり戦国の世が終わると、摩利支天は力士に崇拝される軍神となる。また骨董品店でときおり小さな摩利支天像を見かけるが、これは武士が好んで持っていたものと思われる。

武士や忍者は摩利支天の簡単な修法を学んだとされている。忍者は隠密行動のために隠形を行った。武士はいつ命を狙われるかわからないため、摩利支天隠形法を心得たのだろう。

摩利支天はあなたに必勝であったり、戦いを有利にする知恵や力を授けてくれるだろう。

◎太陽の神――金剛薩埵の教えに従えば誰でも悟れる

様々な神話において、太陽には重要な神が対応している。主神の子孫であったり、ときには主神自身であったりする。

古代の人々は太陽に関して、様々な神話を生み出している。太陽崇拝自体はおおよそ権威の主張に利用されたり、王権が神の子孫だという正当性を生み出し、カリスマ性を与える要因となってきた。

また日食は多くの神話で語られたように、太陽の消失と再生を意味した。不滅の太陽は生命や健康を意味するものとなる。密教で太陽に対応する存在は金剛薩埵《こんごうさった》である。

金剛薩埵は日本の密教で昇格した存在であり、密教の第二開祖と考えられる。密教の開祖は摩訶毘盧遮那《まかびるしゃな》であり、摩訶毘盧遮那が一切の諸仏菩薩天明王の代弁者である。金剛薩埵は人間の代弁者であるとされる。

さらに仏教の教典般若経600巻のうち第578巻目は、金剛薩埵の別名である金剛手《こんごうしゅ》菩薩が、様々な諸仏から教えを聞く形となっている。また真言宗の勤行にある理趣経《りしゅきょう》も金剛薩埵が、様々な教えを諸仏から拝聴していく流れとなっている。

第578般若理趣分と呼ばれる経典と理趣経の内容を曲解し実践したのがオウム真理教のテ

口行為である。両方の経典には言葉は違うが、「この経典を読み信じるならば殺人をしても地獄に落ちない」と書かれている。「いかなる罪でもこの経典を読めばなしとされる」という言葉もある。

第578般若理趣分も理趣経もどちらも金剛薩埵が聞いた言葉であるが、両方の経典は現世利益をもたらすという俗習もあり、噂では戦前これらの経典は檀家でも唱えることを許されなかったとされている。戦後は真言宗の勤行として理趣経が、修験道において第578理趣分が盛んに唱えられ始めた。

人は誰でも金剛薩埵の教えに従えば悟れるという。また578巻では転読《てんどく》修法といって、経典を扇状に広げ経典を開け閉じすることで1回読んだことになるとされる。

また、その行動から起きる風を梵風《ぼんぷう》と呼び、その風に当たることで利益があるとされる。さらに経典を持ち、経典で肩を軽く叩くことで祈祷が終わるとされる修法がある。

私はある寺から、「578経を休まず1000巻（1000回）読んだら転読作法を伝授しましょう」と言われ、朝2回晩2回唱え1000巻に達し、転読作法を伝授していただいた。だが、多くの霊能力者や半端な行者は1000巻を読まず適当な転読法で数万円を搾取しているようだ。これもある意味カリスマ性で稼いでいるようなものだから、太陽に帰属する行為かもしれない。

金剛薩埵はあなたに成功をもたらし、あなた自身のカリスマ性を発揮させ、健康や人生の歩み方の知恵や力を与えてくれるかもしれない。金剛薩埵は密教思想では菩提心（真理を求め探究する心）の存在として考えられている。また金剛薩埵は普賢菩薩と同一視されている。畏怖崇拝で有名な大聖歓喜双身天《かんきそうしん》の男天が金剛薩埵であり、専用の修法である浴油《よくゆ》では、行者は己を金剛薩埵と考え、浴油を行うことで願望を叶える。

◎金星の神――吉祥天は美や幸運や富を司る

金星には多くの場合、愛の神々が対応している。古代の人々は金星に愛と女性を対応させてきた。金星には恋愛に関連する全てが対応しているように思える。

私は混沌の騎士団で、愛についていくつか質問した。まず「従来、金星に対応する色彩は緑である。緑という色彩は愛に関係する色彩だろうか？」と聞いた。

緑のハートマークと赤のハートマークがあったら、あなたはどちらの方が愛に相応《ふさわ》しいと思うだろうか？　赤は火星の色彩であり、戦争や攻撃の神が対応する。

その逆の原理である金星には、愛や平和の神々が対応しており、色は緑である。単純に、緑色は安心や安全を意味する象徴に使われることが多い。

道路交通標識を見てもわかる通り、緑の標識はパーキングゾーンや、非常駐車帯を示している。金星に対応する色彩は安心や安全を司る色である。それは愛の意味するところであり、恋の色ではないと思う。

愛は兄弟愛、友愛、家族愛、ファンの心を意味していると私は考えている。もちろん恋愛も含まれるかもしれないが、それは性的関係を結ぶような恋愛だろう。また火星のマークは男性を、金星のマークは女性を示すことがある。

そして金星に配属される密教の存在は、吉祥天である。吉祥天はヒンズー神話のラクシュミーが起源であり、ラクシュミーは美や幸運や富を司るとされる。ラクシュミーは移り気な性格であるとされるが、この移り気な性格は金星に対応する女神イシュタルも同じで、奔放である。

吉祥天は弁財天（本来、弁才天と書く）と同じだという俗説があるようだ。だが、「金光明《こんこうみょう》最勝王経《さいしょうおうきょう》」では、弁才天は竜神や諸々の天女を率いる女王のような存在と考えられており、吉祥天は16歳ぐらいの女性として造るように指示されているそうだ。そのため、吉祥天は美しく可憐な女天なのだろう。

そして諸天の供養には吉祥天の真言が唱えられる。理由は吉祥天の姿を見て諸天は喜び慈愛心を抱くからとされている。

◎水星の神——宇賀弁才天は富と知性に特化した存在

日本の密教では水星の神はおおよそが金運向上のご利益を持つようだ。それに、水星の神たちはオールマイティーに願望を叶えるようだ。富と知性に関して特化した存在は宇賀弁才天だと言えよう。

もともと弁才天はヒンドゥー教の女神サラスヴァティが中国で弁才天となり、主に音楽や学芸や福徳の女神とされた。別名を妙音天、美音天というが、これが戦闘の女神としても考えられるようになる。

金光明最勝王経では八臂の像が紹介されているが、その手には全て武器が握られている。しかし日本の中世に、忽然と出現した宇賀神という神と合一し宇賀弁才天となる。

宇賀神自体は出所不明の神である。宇迦之御魂神《うかのみたまのかみ》がルーツだと考えられているようだが、真言宗東寺では宇迦之御魂神は、稲穂を担いだ老人であるとする。また稲荷五所大事聞書《いなりごしょだいじききがき》では宇迦之御魂神はまったく異なる密教の存在と同一視されている。

宇賀神は、弁才天の戦闘要素をなくし、財に対して効果をもたらすために作られた神だと言えよう。この宇賀神をフル活用したのは天台宗である。

『阿娑縛抄《あさばしょう》』という天台宗の実践法が書かれた本に宇賀神供養がある。だが、この書と比較

宇賀神

弁才天

（左）弁才天の頭の上に鎮座する宇賀弁才天（77、87、90、92、93、94ページの神像はすべて個人蔵）

される『覚禅鈔《かくぜんしょう》』という真言宗の本には宇賀神供養は存在しない。

さらに宇賀酒浴という銀の宇賀神に日本酒を注ぐ奥義は、天台宗だけにしかない。また宇賀弁才天となったとき、日本で作られた経典の全てで、宇賀弁才天は財運と知性という利益をもたらす存在として紹介されるようになった。

前ページの写真のように宇賀神は弁才天の頭の上に鎮座して宇賀弁才天となった。このことから、宇賀弁才天を水星の神として配属した。

今の時代、情報が全てであり、情報で金銭を稼ぐようになり始めた。我々が求めるのは処理速度の速いコンピューターであり、インターネットを快適に使えるスマホである。

これらは全て水星に配属されている。日本人は、蛇革《へびがわ》の財布を使用すれば金運が向上すると考えたり、ヘビの脱皮した皮を財布の中に入れておけば金運が向上するという。

これらは宇賀弁財天の風習だろう。

◎月の神――豊穣の神・ダキニ天は稲荷神と習合

月の神はダキニ天である。この神も日本で独自に進化した。まず注目すべきは胎蔵界曼荼羅で向かって右の端にダキニ天衆が描かれていることである。どうでもいい存在として扱われるが、中世からダキニ天は崇拝され始めた。

ダキニ天はそもそも小夜叉《こやしゃ》にしかすぎなかった。人の命を食べていたことを摩訶毘盧遮那が知ると、摩訶伽羅天に変化してダキニ天を脅し、その行為をやめさせた。ダキニ天は途方に暮れ死者の心臓なら食べてよいとされる真言が授けられたという。

あくまでも弱者だった存在が、日本で独自に進化していく。まず稲荷神と習合して宇迦之御魂神と考えられるようになった。多くのダキニ天像が稲穂を担いで、白狐に乗っているが、これの影響があるからである。

次ページの写真は室町時代作のダキニ天である。神仏習合の影響を受けているため、密教的ではないダキニ天である。剣と宝珠を持ち、キツネにまたがるダキニ天も存在する。こちらは最上《さいじょう》稲荷で崇拝されていたダキニ天である。

ダキニ天がまたがるのは九尾のキツネである。玉藻《たまも》の前（妖狐《ようこ》の化身）にまたがる仏像も存在している。

キツネとダキニ天は切っても切れない縁があるようだ。ダキニ天の修法に「六月成就法」がある。満月が出ているとき、その満月にダキニ天を観想し、真言を唱えるものである。

なぜ六日ではなくて六月か？　ダキニ天が死者を６ヶ月前に予知できること、また６ヶ月かかって貪るということに由来している。

それで六月成就法というのである。これは満月時、月にダキニ天をイメージして真言を唱

剣と宝珠を持ち、キツネにまたがるダキニ天

室町時代作のダキニ天

キツネとダキニ天は切っても切れない縁がある。

玉藻の前にまたがる仏像

え、右手の人差し指で招くような印を結ぶ。するとダキニ天は6日以内に願いを叶えるという。

しかしなぜかダキニ天が性に結びつけられ始めた。これはかの邪教伝説の髑髏《どくろ》本尊の作り方がセックスと結びついたものだ。

その髑髏本尊にダキニ天が宿り、願望を成就するというところだけをクローズアップしたにすぎない。しかしながらダキニ天はより進化し、多くの密教の神を取り込んだ。その最終の姿が次ページの写真にある姿である。これは京都の三面夜叉像に近い。

正面がダキニ天、向かって左が弁才天、右が聖天、さらに十一面観音や宇賀神を持つ。日輪といって愛染明王の光背や翼があるのは天狗から採られている。

さらに写真ではわからないと思うが、このダキニ天は金のキツネにまたがっている。ありとあらゆる密教の存在を習合させたようである。聖天自体は性的要素が強い神である。

正式名称は大聖歓喜双身天という。この存在の男天はもともと王であり、国中の食べものを食べた後、ついに人肉を食べ始めたという。

生き残った人々が祈ると、十一面観音が訪れ助ける。この男天はビナヤカという魔王となっていたが、十一面観音は女天ビナヤカに変化する。

「人肉を食べることをやめて仏法に従え」と要求する。すると男天は「セックスさせてくれた

多くの密教の神を取り込んだダキニ天はより進化した。これはその「最終形」

ら仏法に従うし人肉を食べない」と答える。そこで十一面観音に変化した女天はその望みを聞き届けて、歓喜天となる。

また取ってつけたように歓喜天のシンボルを性的シンボルと解釈する方がいるようだ。大根はペニス、歓喜団（歓喜天に供える菓子）は巾着の形をしているから子宮という。だがそれはこじつけのしすぎである。

ダキニ天に関して髑髏本尊を実際に作ったとするのは下級な僧や行者のしわざだと言われている。その作り方は髑髏に性的和合水を塗るという。要するに精液と愛液が（ときに生理の血と精子）が塗り込まれた髑髏に、舌や目や肉がつけられ完成する。

性行為中の姿を表すチベット仏教の神と女神

この髑髏の前でセックスをし続け、性的和合水を塗りたくることが重要である。その結果、ダキニ天が髑髏本尊に宿るという。

実際にはダキニ天はヒンズー神話のダキーニがルーツとされる。後期インドでダキーニはシャクティー（性的能力を意味する女性名詞）崇拝と結び付けられ、写真のような姿としてインドで崇拝されるようになった。

ダキニ天と稲荷神が習合したキツネの素焼き像

これはダキーニが性的象徴として利用され始めただけである。もちろん複雑なチベット仏教でも性行為中の姿をした神と女神が存在している。

いずれにしても、ダキニ天は豊穣の神であり、豊穣の儀式は古代には、おおよそ性的な儀式とされていた。これはダキニ天を祀っていた伏見稲荷大社の一部にあった愛染寺の影響が強かったのだろう。

昔、各地から参拝に訪れた農夫や若者は、伏見稲荷参りの土産にキツネの素焼き像を買って帰り、それを割って田畑に撒くという風習があった。

この時代、ダキニ天と稲荷神は習合していた。ダキニ天は拝むと未だに早く効果が表れる。恐ろしいなどと言われているが、私自身の経験で言えば、摩利支天が最も早い効果があり、後は同列である。何が強力か、は関係ない。

なお、ダキニ天は俗説では遊女、花魁《おいらん》等に崇拝されていたようだが、それを示す歴史的資料はない。あるのは性的和合水を塗り髑髏の前でセックスするという髑髏本尊の作り方と、いくつかのダキニ天修法である。ダキニ天はあなたに性的魅惑と魅力を得るための知識と知恵を与えてくれるだろう。

ここまで書いてきたことからわかるように、全ての神々はオールマイティーの御利益があることが多い。ただ、それは全て日本人が作り上げたことである。ダキニ天の効果は金運から恋愛成就までたくさんある。宇賀弁才天ですら様々な願望を成就してくれるだろう。

肝心なのは、あなたが8つの惑星に対して、どの神を配属させるか、である。金運から必勝、縁結びまで、全ての願望は不動明王が叶えてくれる。ただ、明王は不動明王以外にもたくさん存在する。

中でも大元帥明王は攻撃と調伏《ちょうぶく》（密教で言う呪殺《じゅさつ》）のプロである。現に日本は日露戦争で、

「敵国降伏」と称してこの明王の力を借りている。

古くは蒙古襲来のとき、この明王の力で6万隻の船を沈没させたともいう。ルーズベルト大統領を呪殺したと記録されているのも、この明王の修法だとされている。「敵国調伏」の切手も発行されている。

しかし今回、なぜ天王星を除外して、それ以外の惑星や月に天を対応させたか？　それは天が一番人間に近い存在だからであり、人間の欲望で天は常に進化し続けたからである。古代の賢人は自然現象や、人間の感情をそのまま神格化して崇拝している。

もし偉大なる神が人間を超越した存在ならば、セックスに奔放な女神であるシュメール神話のイシュタルや北欧神話のフレイヤなどは存在しないだろう。人間を超えた究極的存在なのだから、人間と同じような奔放さなど持ち合わせてはいないはずだ。

神々を召喚する方法

では次に、以上で紹介した神々を召喚する方法について説明したい。

なお、「密教の神を召喚したら罰が当たる」と信じている方には罰当たりな事実だろうが、厳密にはほとんどの密教の神のルーツがヒンズー教神話の神々である。

そもそも罰が当たったと騒いでいる行者の中には、真剣に崇拝・供養せず、信者や相談者から金銭を巻き上げて酒におぼれている行者が多いと思う。私は聖天供《しょうてんぐ》（聖天を本尊とする修法）を行い続けていた。多くの場合、無料で祈祷してあげ願いは叶えられたが、罰が当たったことはない。**こちらが真剣であれば、どの存在も罰することなどない。**

ここでは二つの例しか紹介しない。なぜなら召喚儀式を構築できるほど熟知していないと、密教の神だろうがギリシャ神話の神だろうが北欧神話の神だろうが、召喚などできないからである。それに儀式は自分で作った方が効果的である。

たとえるなら、まったく興味のない映画を映画館で見る。それが他人が作った儀式をあなたが行うときの状態である。感動もないし、ただつまらなかったというものになるだろう。

自分で儀式を作る場合、「どのような言葉を使えば感動するか？」「どうやったら神が喜んで召喚に応えるだろうか？」と自分で考える。あなたが全て納得して自分で作らなければならない。

性魔術――オーガズムの瞬間、召喚したい神と一体になる（所要時間30分）

ここでは最も簡単な方法として、性魔術を紹介する。あなたの性魔術に協力してくれる魔術師がいるならば、自分のパートナーに召喚したい神のイメージをダブらせてセックスしよう。オーガズムのときに今度はその神の姿を自分にダブらせることで、召喚は完成する。祈りは愛撫となり、性的オーガズムは神にとって供物《くもつ》となるだろう。それは罰当たりな行為でも何でもない。般若理趣分には「妙適《みょうてき》」（男女の交わり）は清浄であり、菩薩の言葉であると述べられている。

パートナーがいない人は、マスターベーションをするのが最も簡単な方法である。**オーガズムの瞬間、召喚したい神と自分を同一視してダブらせる**ことである。性魔術に関しての方法論は拙著『21世紀の性魔術の実践』で詳細に書いたのでこれ以上の説明は割愛する。

サンプルとして「儀式魔術」の召喚の方法論を書いておく。ここではあなたが（性的関係がある）恋愛において知恵と力を貸してほしいとする過程で、ダキニ天を召喚する方法を書いておく。

まずあなたは**月に関係する一切合切をそろえる**。9本の銀のろうそく、アメジスト（魔術堂で手に入れるとよい）、シルバーアクセサリー（指輪からピアス、ネックレスなど）、ムスクのインセンス（魔術堂で手に入れるとよい）。また願望の印形を用意する（用意の仕方はのちほど解説する）。

願望の印形はダキニ天に力を込めてもらい、後日活性化することもできる。したがって、そのような恋愛成就の印形も用意するべきかもしれない。

あなたは**銀色のテープを床に貼り、九角形を作る。９本の銀のろうそくをつけ、九角形の９つの角に置き、ムスクのインセンスに着火**する。**アメジストを握り、目的を宣言**する。

「私の意図は恋愛成就のためにダキニ天を召喚し、知恵と力を得ることだ」

等と宣言すればよい。

それから召喚の祈りを唱える。

「我は御身《おんみ》を召喚す。
偉大なるダキニ天よ。
我は我は御身を召喚す。
偉大なる豊穣の女神ダキニ天よ。
我は御身を召喚す。

夜叉《やしゃ》でありし御身は今、大いなる者として我らの前に姿を示した。

キツネにまたがり空を駆け抜ける御身よ、手には諸悪を粉砕する剣を持ち、左手には願いを叶える宝珠を持つ者。

またときには神として稲穂をかつぎて豊穣を約束す。

我は御身を召喚す。

（ここであなたは、自分の姿とキツネにまたがるダキニ天とをだぶらせて、イメージし続ける）

我は夜叉にして大いなる天女《てんにょ》にして、疾走する偉大なるダキニ天なり、我は頓遊行式神《とんゆうぎょうしきがみ》と須臾馳走式神《しゅゆちそうしきがみ》に命じて世に利益を施す。我は偉大なる魅惑の視線にて異性を虜《とりこ》にする。

我はダキニ天。汝《なんじ》はダキニ天。

オンダキニシリエイソワカ。

我は汝ダキニ天、汝は我ダキニ天」


あなたが魔術的トランス状態になるまで祈り続ける。すると、あなたという肉体の神殿にダキニ天が憑依する。

このとき、憑依のレベルが深ければ、あなたは記憶を失う。気が付いたら何かが行われていたという記憶しかないだろう。

憑依が浅い場合、あなたは意識も記憶もあるが、ダキニ天として振る舞い、あなたの願望が叶えられることをするだろう。

誰もかれもが憑依レベルが深いわけではない。深い憑依レベルになるには、修行あるのみである。

はじめは何も起きないだろう。そこで**必要なのは魔術意識（魔術的トランス状態を拡張した意識）**である。召喚の祈りの中で、熱唱できるような祈りを自作する必要性が出てくる。

もう1点、混沌の騎士団の団長が作った儀式を紹介しておく。

この儀式は**火星の神に対する儀式魔術**である。全てが火星に関連することにリンクしている。

戦いの神を召喚する準備（所要時間30分）

赤いテープで両手を広げた幅の五角形を作る。それから最低でも2時間は燃える**赤いキャンドルを用意**して、**五角形の5つの角に配置**する。太い針金を二重円にして頭に巻き、王冠とする。

その王冠を被るときは、赤いブルカを被る（ブルカはネットで入手する）。ブルカがない場合は赤い布で頭部を隠せばよい。

それから**赤い法衣を着て、その上からスチールアーマー**（鉄でできた鎧《よろい》）を着る。スチールアーマーはチェーンメイル（鎖帷子《くさりかたびら》）で代用してもよい。**コンバットブーツを履き、爪には エナメルの赤のマニキュア**を塗る。

魔術武器は、攻撃できて実用性がある全ての武器が用意されるべきである。どれにするかを吟味しよう。

ガーネットやルビーなどの石（魔術堂で入手できる）をアクセサリーとして5つ使用する。赤いガラスでもかまわない。

インセンス（魔術堂で入手できる）は木炭の上で燃やせるものを使用する。刺激的な香りのものを魔術師が決めておかなければならない。インセンスは5回つぎ足す。煙草を燃やすことが推奨される。

可能ならば**鉄板**を用意して立てかけるか、吊るす。これは鉄板を打ち鳴らすためである。

鷹の爪を1本。用意しておく。

魔術師は鼻の下やまぶたに**タイガーバーム**（Amazonで入手する）を塗る。魔術師はできたら右手から血を抜き出して、鎧と右目に塗る。

全ての準備が終わったら、Blast Of Conch（貝殻爆破と訳すと間違いになる。Conchは法螺《ほら》、ブラス

（上）ガーネット、（左）スティックインセンス（画像提供・魔術堂）

トは鳴らすなので、法螺貝を吹いて鳴らす。だが日本では「法螺を建てる」と表現する）を行う。

魔術師と同じ武装をしている美しい女性の姿を思い浮かべ、自分とだぶらせる。

「攻撃魔術への聖別」（例えば印形）等は意図の宣言に含まれ、アレンジされる。ここでは競争社会、あらゆる競い合い、受験、恋愛の駆け引き、裁判沙汰の宣言を紹介する。

人生の勝者として、または魔術師が破壊したい悪魔に対し、戦い、啓蒙する意図の宣言を紹介する。意図は変更してもよい。

「これぞ我が意志、モリガンの女神（ケルト神話の女神）を呼び、生存の戦いに勝利することだ！」

武器を5回打ち鳴らす。または鉄板に武器を叩きつける。

鷹の爪をかじり、引きちぎり捨て、後はかみ砕いて飲む。

「我は汝を召喚すモリガンよ。

悠久のときから現在に至るまで、汝は幾戦《いくせん》の主。

響き渡る武器の音は汝の鼓動と息吹《いぶき》なり。

駆け抜ける暴力への口づけは汝の聖なる証《あかし》なり。

勝者に祝福を、敗者に絶望をもたらす汝モリガンよ、我は汝を召喚す。

流れた血は全て汝のネクタル（神酒）となり、冷めぬ興奮は汝の快楽なり。

全身を駆け巡る激怒は汝の閃《ひらめ》き、勝利への微熱は、英雄への愛撫《あいぶ》。

我は汝を召喚す。

幾万幾千幾億のときの中で勝者たらん汝の名はモリガン。

人類が常に行い続けた力！　戦い！　戦《いくさ》！　破壊！　激怒！　の中でモリガン。

御身のほほ笑みはかの中にありけり。

我は汝を召喚すモリガンよ。敗者を蹴散《けち》らし踏みつぶし、斬首《ざんしゅ》の証をなす者よ。鉄の中に木《こ》霊《だま》する勝利の勝鬨《かちどき》は汝のものなり。叩きつけ切り飛ばし、命を破壊する汝の名はモリガン。我は汝を召喚す。

見よ！　全てが血で染まる大地に我は勝者として君臨す。我はなぎ倒し、突き刺し、砕き、破壊せん。

聞け！　勝利の勝鬨を、鉄に響く斬撃《ざんげき》は我の霊性なり。我は木霊して恐怖を与え、滅ぼし、圧勝せん。

嗅《か》げ！　勝利の風は常に我に追い風なり。息吹ある者が我と共に残り、他の全ては弱者、敗者であらん。

触れよ！　怒れる我の鼓動に、そは勝利の愛撫なり。我に触れし者は皆たちまち勝者とならん。

酔え！　血のネクタルと歓声に。我は勝つことしか知らぬ者である。凱旋《がいせん》こそが我の道。

知れ！　この喜びは破壊と力なり、そは赤き霊性にして我の神性である！

我はモリガン汝の名はモリガン。真の勝者にして争いの制定者であらん。

我はモリガン汝の名はモリガン。甲冑《かっちゅう》をまとい世界の戦争に参戦す。

我はモリガン汝の名はモリガン。魔術よ敵を破壊せよ。占めよ我に道を示せ。

我はモリガン汝の名はモリガン。涙など要らぬ。弱者は全て滅ぶべし。

我はモリガン汝の名はモリガン。常勝無敗の理と壊滅こそ我が瞳なり。

カ！　破壊！　戦い！　戦争！　激怒！　見よ我が閃きの神聖！
イアーイアーモリガン-モリガン-ギリアボル！
モリガン、マッハ、バイブ如何《いか》なる名にて呼ばれようが我は不滅なる勝者。
負けは今終わりて退《しりぞ》かん。退かんならば、我は轢《ひ》いて破壊せん。
悩める者は我が前に立つべからず。矮小なる問題は我が滅亡せん。
震えよ弱者と我が敵よ。我は恐怖で壊乱《かいらん》せん、敵は皆我に恐怖する。
口でものいう戦士など我は省《かえり》みず抹殺せん。
勝利、雄たけびのみが我が鼓動なのだ。
我は戦神モリガンにして勝敗のルーレットで勝ち続ける者。
我は女神モリガンにして大いなる女王。ひざまずけ、さすれば祝福を与える者。
我は魔神モリガンにして魔術で戦い勝利に酔いしれる者。
我は憤神モリガンにして鉄のビートを打ち鳴らし、勝利の夜明けを告げる者。
我は破壊神モリガン、全てに戦い勝つことが我の我の役目なり。
WAR　WAR　WAR　WAR　To WAR
MORIGANVICTY！
IO　MORRIGAN！」

このモリガン召喚儀式はダキニ天より長く、準備も複雑であり、「儀式魔術レベル」で考えられ作られている。儀式の製作者が起承転結をつけ、感情を爆発させる魔術意識のクライマックスを盛り込んでいるのである。

いずれにしても、あなたが何かを召喚したいと望むならば、その原理について予備知識を得ることが重要である。

ヤギの頭を持つ悪魔バフォメットは、何でも願望を叶えると言われている。混沌魔術で多様化しているバフォメットを召喚したいと思っている方も多いかもしれない。今回は『無の書』の著者であるピーター・キャロルに承諾を得て、バフォメットの召喚方法（混沌のミサ）を紹介したい。

著作権の都合があり、『無の書』の内容をそのまま紹介することは不可能だ。『無の書』でも、それ以外にも今まで誰も解説していないことがある。エノク語の詠唱《えいしょう》である。

「OL‐SONF‐VAROSAGAI‐GOHU（オル・ソンフ・バーオサガイ・ゴーフ）と続くエノク語の詠唱では、混沌魔術師は黄金の夜明け団がするような発音方法である「OOOOO‐LAAAAAA（オ――ラ――／我の意）」というようなエノク語のバイブレーションの発音をしない。

これはピーター・キャロルからも聞いたことだが、エノク語では低く唸る声で唱える。多くの混沌魔術師も低く唸る声で唱えるが、エノク語を振動させたりはしない。またピーター・キャロルは「天使のようなソプラノの詠唱を聞いたことがある」と述べていた。

したがって、エノク語の発音は混沌魔術では、「オル・ソンフ・バーオサガイ・ゴーフ・ボウイナ・バーブジル・デ・テホム・クアッドモナー・イレ・イアイダ・デイーズ・プラフ・エリラ・ジルド。キアフィ・カオスアゴー・モスペレ・テロケ・パンピラ・マルピラガイ・カオスアギ」という発音を低く唸るように唱える。そうすることが重要であり、それが世界標準となっている。

私は混沌の魔術結社「イルミネーション・オブ・サナテエロス」（ＩＯＴ）在籍中、集団でこのバフォメットの召喚を行った。エノク語の発音では、恐ろしいうめき声のように唱えられているのを聞いていた。また私は「オーラー・ソンフー・バロサガイ・ゴーフ」と低い声で唱えている。

このエノク語の後に「犠牲が成される」と書いてある。性魔術なら性的分泌液、そうでないならば一滴の血液が必要とされるようなことが書いてあるが、その必要はない。

もし性魔術を行っているならば、必要な場合、性的分泌液があればいい。血が必要な場合、一滴の血で済むだろう。

バフォメット

この後、実践者はバフォメットと自分を重ね合わせて集中し、「我は第一のアイオンにて大いなる精霊」から始まる「バフォメットの宣言」を唱える。このとき、考えられるのは、『無の書』に書かれている通りの宣言にはならないことが多いということである。特に憑依のレベルが強ければ宣言通りにはならないだろう。

私はＩＯＴ在団中、バフォメットのミサが嫌いだった。それは６００回行われ、ほとんどにおいて性的な興奮を得ているからだ。それは不愉快であり、欲情する常習性を秘めていた。私はこの問題を団員に相談した結果、それは「ＨＯＲＮＹ」という現象であって、ありきたりなことだと言われた。ＨＯＲＮＹはスラングで「勃起」という意味だと教わった。

バフォメットを召喚するのにいちいち欲情するのは嫌なので、ドラゴンのミサを作り出した。その方法については『黒の書』を参照してほしい。

召喚は多く行われるべきである。様々な原理のもと、様々な神を召喚することで、発見と知恵を得ることができるからだ。ブツブツとつぶやくように行う召喚儀式ではなく、劇団員の練習のように、大声を出して情熱的に行うことが必要である。

コラム　混沌魔術の歴史②　日本での発展

では日本の混沌魔術の歴史はどうなっているのだろうか？

１９８９年、『トライワイトゾーン』という雑誌でいかにもペンネームとわかる３名がＯＳＷという魔術結社の魔術を紹介している。使われている写真は黄金の夜明け団の魔術の道具なのだが、雑誌で述べていることは「魔術に白魔術も黒魔術もない」ということである（写真）。さらにカバラの生命の樹を逆さにしたクリフォトの樹（クリフォトとはクリファーの複数形で意味は「殻」）を紹介している。

一見混沌魔術っぽく見える記事だが、私は「逆生命の樹」を海外の最新の書物で見たことはない。クリフォトをウィキペディアで調べると、嘘の情報が書かれている（２０１９年12月時点）。

ＯＳＷはWilliam G. Grayの『The TREE Of EVIL』を参考にして逆生命の樹の図案が考案されたなどと書いてある。悪魔の名前も書かれているとあるが、『The TREE Of EVIL』には逆生命の樹な

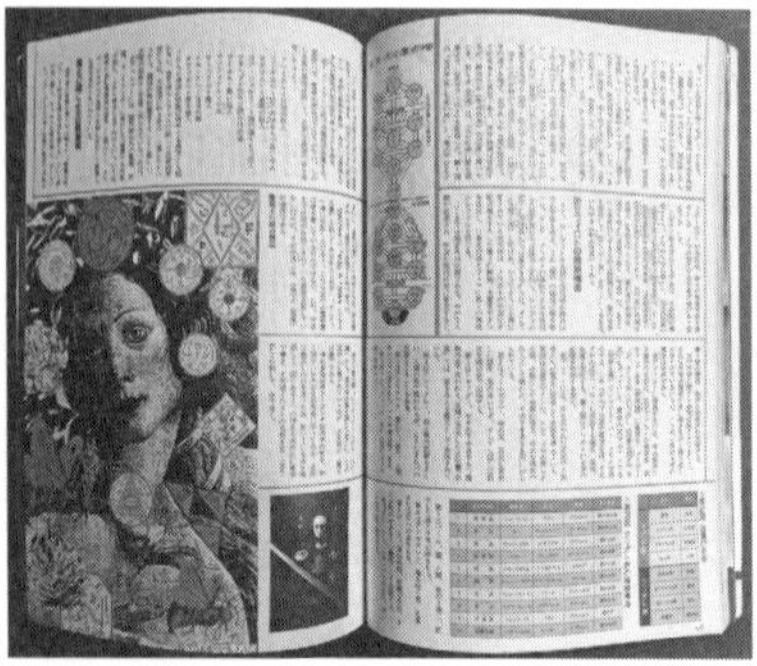

ど描かれていないし、悪魔の名前すら書いていない。ぜひともウィキペディアを修正してほしい。『The TREE Of EVIL』の98ページには逆さまではない生命の樹に、英語で物質主義や強欲が書かれているだけである。ＯＳＷというい加減な企画ネタで完成したのが逆生命の樹（生命の樹を反転させても昔からあるようにしているが、そんな逆さまの生命の樹はない）である。

クリフォト魔術を特集する世界的に有名な洋書である『Ｏｐｓ』でも逆生命の樹を見たことがない。『闇のシェムハメフォラシュ（shem ha-mephorash）』という洋書にも逆生命の樹は登場していない。

ＯＳＷの言っていることはラルフレクト・マイヤーが信望した武術訓練の魔術体系であり、パワーマジックと称して筋肉を鍛えることで、チャクラが開発される等の話をしている。

ＯＳＷは小説家・朝松健先生の「逆宇宙ハンターズ」シリーズに登場する団体と同名であり、ＯＳＷという魔術団体は実在しないのだ。１９８９年の『トライワイトゾーン』の記事は、朝松健先生の小説とコラボレーションしたか、朝松先生の小説販売促進のためのものだったのかもしれない。

このＯＳＷの記事を書いたのは翻訳家であり、魔術の研究家の権威であるＥとＡだと『トライワイトゾーン』の編集者から聞いた。

１９８９年に二見書房から『禁書 黒魔術の秘法』という本が出版された。国内の邪悪な諸力を封じ込めることを使命とした戦士僧集団・青狼団が混沌魔術を紹介している。この本は読む価値はない。なぜならばまず、ホルス神（エジプト神話の神）の召喚方法が出てくるが、これは『無の書』から無断引用している。正確に著作権侵害とは言えないが、限りなくグレーゾーンなのがホルス神の召喚に関する記述である。もし皆さんが『無の書』を持っているならば、見比べてみるといいだろう。

さらに「欲望のアルファベット」として紹介している記事では、欲望のアルファベットというテーマではない技術を紹介している（写真）。

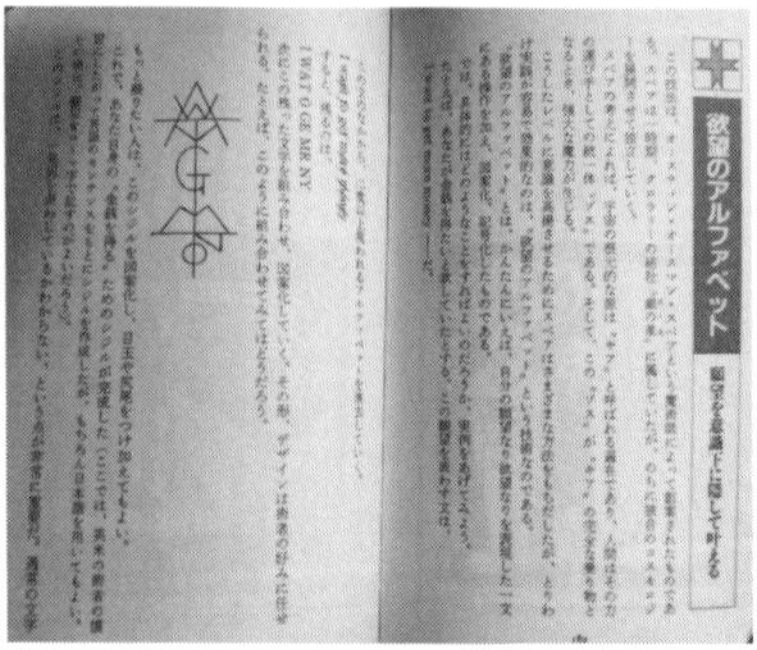

この青狼団を架空設定の魔術団体として作り、匿名で『禁書 黒魔術の秘法』を書いたのが占星術のカリスマK・R先生である。なお私はK・R先生から自分が書いたと、お会いしたときに直接聞いた。

ここで混沌魔術はただの記事のネタとして書かれているだけであり、実際、OSWは実在しない。青狼団も実在しない。その中で1990年に誕生したのが、実在した魔術団体「Balance of the Planet Wizard」（以下BPWとする）である。BPWは『ユリイカ』1992年2月号で紹介された。

◎国内唯一の混沌魔術の教育機関

私はBPWの教義担当者として、基礎修行が終わった者は混沌魔術を学べるシステムを作り、数十名の団員を指導していた。そしてBPWが採用したのが、『無の書』の実践と学習である（なお当時はまだ国書刊行会から『無の書』は出版されていない）。

１９９５年、学研『ムー』4月号に、ＢＰＷの機関紙『NEMESIS』を紹介する記事が掲載されている。その中で創刊5年と紹介されているが、ＢＰＷは１９９０年から混沌魔術を推進していた唯一無二の本当の国内の魔術団体である。ＢＰＷは3つの支部を運営していたが、その後、消滅する。

１９９９年、私は混沌魔術を作り広めた団体「イルミネーション・オブ・サナテエロス」（ＩＯＴ）に日本人で初めて参入を果たした。２００１年、「ＩＯＴ－Ｊａｐａｎ」の創立となる。この点ははっきり書いておく。

私は２００３年、ＩＯＴを破門される。「セトの寺院」という悪魔崇拝教団から独立したマイケル・アキノによって結成された魔術団体と二足の草鞋《わらじ》でＩＯＴに所属していた日本国籍ではない3人のメンバーの中のカナダ人メンバーから、権力争いを挑まれたのだ。

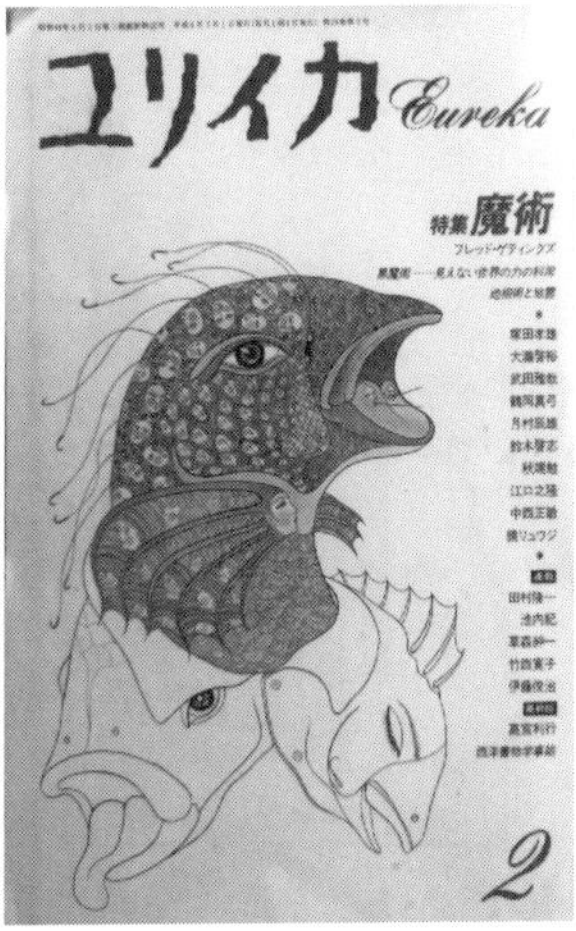

BPWを紹介する記事を掲載した『ユリイカ』1992年2月号

私は当時、ＩＯＴ－Ｊａｐａｎの「マジスターテンプリー」という役職についていた。「マジスターテンプリー」は支部のトップに与えられる役職である。

私の役目は団員の魔術行動をＩＯＴアメリカにメールで報告することや、在籍者の教育であった。２００３年、私は著書『ドラッグソウル』の中で、IOTにはティモシー・リアリーが在籍していたことを明記した。

権力争いはそこから始まった。マジスターテンプリーの座をよこせと言われ、カナダ人にマジスターテンプリーの座を渡した。

カナダ人は私を告発したが、告発はその場で却下された。カナダ人は逆ギレし、IOTを自分からやめている。後日、私は著書でティモシー・リアリーを紹介したという理由で破門されている。これが2003年の出来事である。

しかし何を勘違いしたのか知らないが、私が破門された時点で日本人メンバーは全て解雇され、IOT-Japanは終わった。だがその後も、「セトの寺院」のメンバーは、IOT-Japanの名を借りて活動していたようだ。

私は権力争いに飽き飽きしていた。「BPW」ですらヒエラルキーを廃止してクラス分けしていたが、IOTには初心者・初参入者・秘儀参入者・達人・ナンバー0というヒエラルキーが存在していた。

私は2004年、データハウス社からファンレターを受け取り、その中に風変わりな原稿の依頼があった。「混沌魔術の団体を作るので教科書を書いてほしい」というものだ。

私は興味本位で連絡し20字×20字の原稿用紙1枚3500円で、混沌魔術の団体の教科書を作った。それは『無の書』『混沌の書』『結果の書』などに収録されている内容であり、そうして**2004年に「混沌の騎士団」が誕生**する。

その時点で私の役目は終わったと思ったが、「混沌の騎士団」の創立者を育成しなければならない。そこで私は混沌の騎士団に在団し、創立者の故・FATEに混沌魔術を教えた。

混沌の騎士団の当初の目的の一つは、霊感商法やスピリチュアル詐欺に遭い、抜け出せない人々を無料で救済することだった。また、もし団員がオカルト現象に遭遇したら、その現象を調査すること、さらに日本に正しい混沌魔術を広めることも目的だった。

OSWや、「青狼団」が伝えた偽の混沌魔術ではなく、1978年にイギリスで生まれた混沌魔術の推進を行うことを続けた。さらに最先端の理論、混沌魔術の研究を掲げて15年が経つ。今も活動している国内唯一無二の混沌魔術の教育機関が、混沌の騎士団である。

この本が出版されるときは令和時代だろう。平成には混沌魔術の一つの技術である印形魔術に関する詐欺事件（注）が起きた。

（注）印形魔術の詐欺事件とは、不特定多数の他人から願望を聞き、本来なら自分で作り自分自身で活性化すべき印形を、委託された他人が作り、代理でバンジージャンプで活性化していたという事件である。しかし、委託された他人が印形を作り、代理で活性化するなどということは混沌魔術の原理上できない。

もしそんなことが可能であれば、印形魔術の元祖であるオースティン・オースマン・スペアが世に残した数々の印形を使用できることになる。しかし誰一人、世界の混沌魔術師はスペアの作った印形を活性化してはいない。

今、私は本書の原稿執筆の合間に、海外の混沌魔術師に、この詐欺事件についてどう考えているかをインタビューしている。全員が、印形の代理活性化などできないと答えた。

混沌魔術の生みの親であるピーター・キャロルの見解は、私のツイッターアカウントの固定ツイートに表示してある。興味のある方は読んでほしい。

私はそのうちに、レイキ（祈りの言葉を伝授され［多くの場合、有料］、その言葉で癒すとされる療法。手かざしを伴うことも多いが、私はまったく信じていない）のマスターが印形魔術を金銭をもらって伝授するのではないか、と考えている。混沌魔術には修行がいらないと考えられるからだ。

混沌魔術の創立者ピーター・キャロルに「基礎修行をしない混沌魔術師をどう思うか」と尋ねたことがある。すると、「いずれにしても基礎修行をしなければならない」との回答を得た。

混沌魔術は発展している。日本では１９９０年に初めて混沌魔術の通信教育を取り込んだＢＰＷが消滅、混沌の騎士団が誕生した。混沌の騎士団は今も混沌魔術を学ぶ場として、活動している。

第5章

エンチャントメントと印形魔術を学ぶ

エンチャントメントと印形魔術（所要時間30分）

「魔術の杖」を用意しなければならない。魔術の杖は従来長い杖と考えられてきたが、ピーター・キャロルはそのような長い杖とは別に、**常に持ち歩けるポケットサイズの杖を持つ**ことを勧めている。

それはどのような形でもよいだろう。ポケットサイズであるならば、どんな素材のものでもよい。木の枝を拾って杖にしてもいいし、短い木の棒があればそれでもよいだろう。

混沌魔術師は杖と共に生きる決意をしなければならない。なぜ杖か？　混沌魔術師は現実を変化させるエンチャントメントの一つである印形魔術を行うとき、杖を手にする。そして、印形を杖で描いて視覚化したり、印形そのものに杖を触れさせる。つまり、杖は意識を集中するために使われるのだ。

これで何度目になるだろうか？　私は印形の作り方をことあるごとに説明してきた。

印形を作る際は意図が重要であるが、アレスター・クロウリーの言う「意志」と、混沌魔術師の言う「意図」を混同してはならない。両方とも想像力から発生するものだが、意図はあなたを想像力へと導いてくれるものである（詳細は巻末に掲載したピーター・キャロルの文章を読めばわかる)。

まず**あなたが叶えたい願望をひらがなや漢字やカタカナを駆使して書く**。例えば「私の望みは1000万円を1年間で稼ぐこと」や「私の願いはかわいい彼女を作ること」でもよい。このような願望の文章を**「意図の文」**という。

日本人の多くは「病気になりませんように」や「主人が浮気しませんように」と物事を否定する形の願いを持っているが、なぜかバカの一つ覚えのようにそれではダメだと指摘される。しかし本当は「病気になりませんように」や「主人が浮気しませんように」のような否定形意図の文でも問題はないのだ。

正直に言えば「私の願いは健康になること」だろうが「私の願いは病気にならないこと」だろうが、印形魔術には関係ない。いずれにせよ、私たちの精神の編集者は意図の文も印形も知っているからだ。

脳がダメージを受けない限り、自分の願望を完全忘却はできないと、ピーター・キャロルは教えてくれた。しかしながら、「1000万円を1年間で稼ぐこと」という願望を実現することは多くの人にとっては無理なことは現実を見ればわかるだろう。「あなたが1000万円を稼げるか」についてはあなた自身しか知らない。

不可能なことではあるが、しかし長い目でみれば多くのことは可能である。詳細は巻末に掲載したピーター・キャロルの文章を読んでほしい。

願望の文の使い方（所要時間5～20分、慣れれば3分）

さて、願望の文をここでは仮に「私の願いは1年で1000万円を稼ぐことだ」としよう。まずあなたはこの願望の文をひらがなか、カタカナで書く。なぜローマ字を使わないか？これは混沌の魔術結社「イルミネーション・オブ・サナテエロス」（IOT）に私が在籍していたとき、ドイツ人はドイツ語で、ブルガリア人はブルガリア語で意図の文を作成していた。そこで日本人はひらがなやカタカナ、漢字を混在して書くべきだと思うのである。

「わたしのねがいはいちねんで1000まんえんかせぐことだ」

この願望の文で重複している文字を除去する。すると、

「わたしのねがいはちんで10まえかせぐことだ」となる。

この状態のものを**「意図の文」**という。意図の文を使い、印形をあなたがあなたの手でデザインしなければならない。

文字を重ねたり組み合わせて作ることが必要である。また装飾してもかまわない。難しいならば「ワタシノネガイハチンデ10マエカセグコトダ」とカタカナにしてデザインするとよいだ

ろう。

次ページの図1はひらがなで作った印形、図2はカタカナで作った印形だ。説明しやすいので図2を例にとると、シの上の二つの点がないのがノと判断できる。ンはシの上の点を一つ減らしただけである。そこからシという1文字からはノとンが読み取れる。

さらにダの中にグも見つけることができるだろう。タとダは濁音表記があるだけで同じ形である。ワの伸ばしている部分を縮めて向きを変えれば、コと読めるだろう。

このように組み合わせ文字を判断できればよいので、自由にデザインしてみよう。図3はひらがな。図4はカタカナで書いたが、図1と図2と同じ意図の文を使っている。

なぜ2度以上使われる文字を打ち消すのか?

意図の文を単純にして印形化しやすいようにするためである。また装飾を施すのもよいだろう。図3のひらがなの印形、図4のカタカナの印形には装飾を施した。装飾にルールはないが、あなたが見ていかにも魔術っぽく見えればよい。

なお私たちは教育課程の中で、ひらがなを最初に覚え、次にカタカナ、続いて漢字を学ぶ。大体小学3年生でローマ字を学習する。私たちの意識ではひらがなとカタカナと漢字とローマ字を使えるが、無意識ははたしてどの文字を認識しやすいか?

あなたは夢の中で、ローマ字で何かを書いたりするだろうか? 職業がエンジニアやタイピ

図1

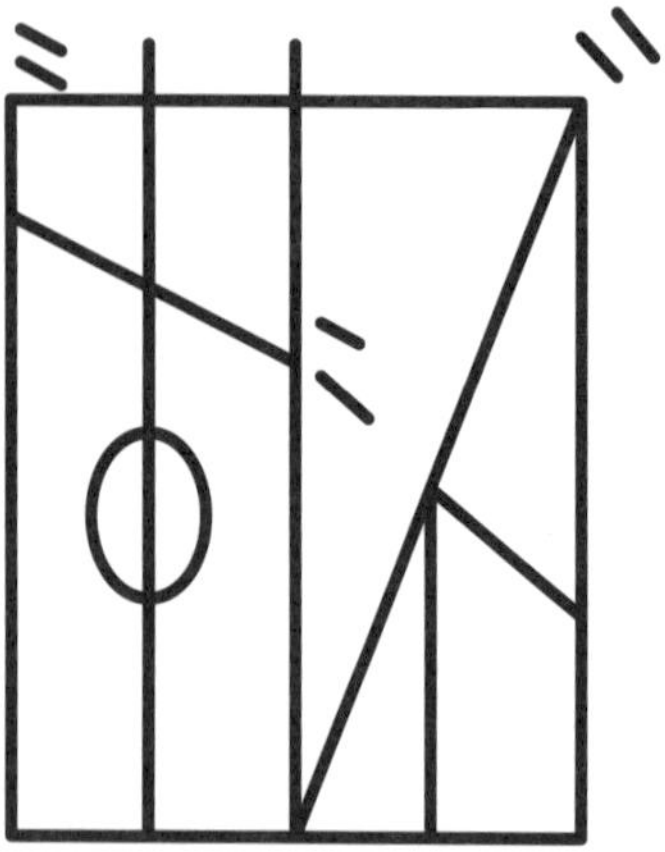

図2

図3

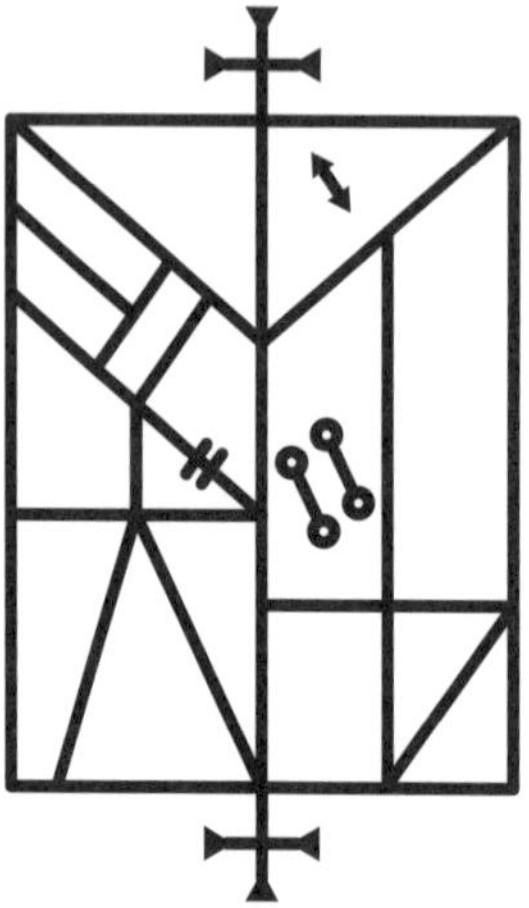

図4

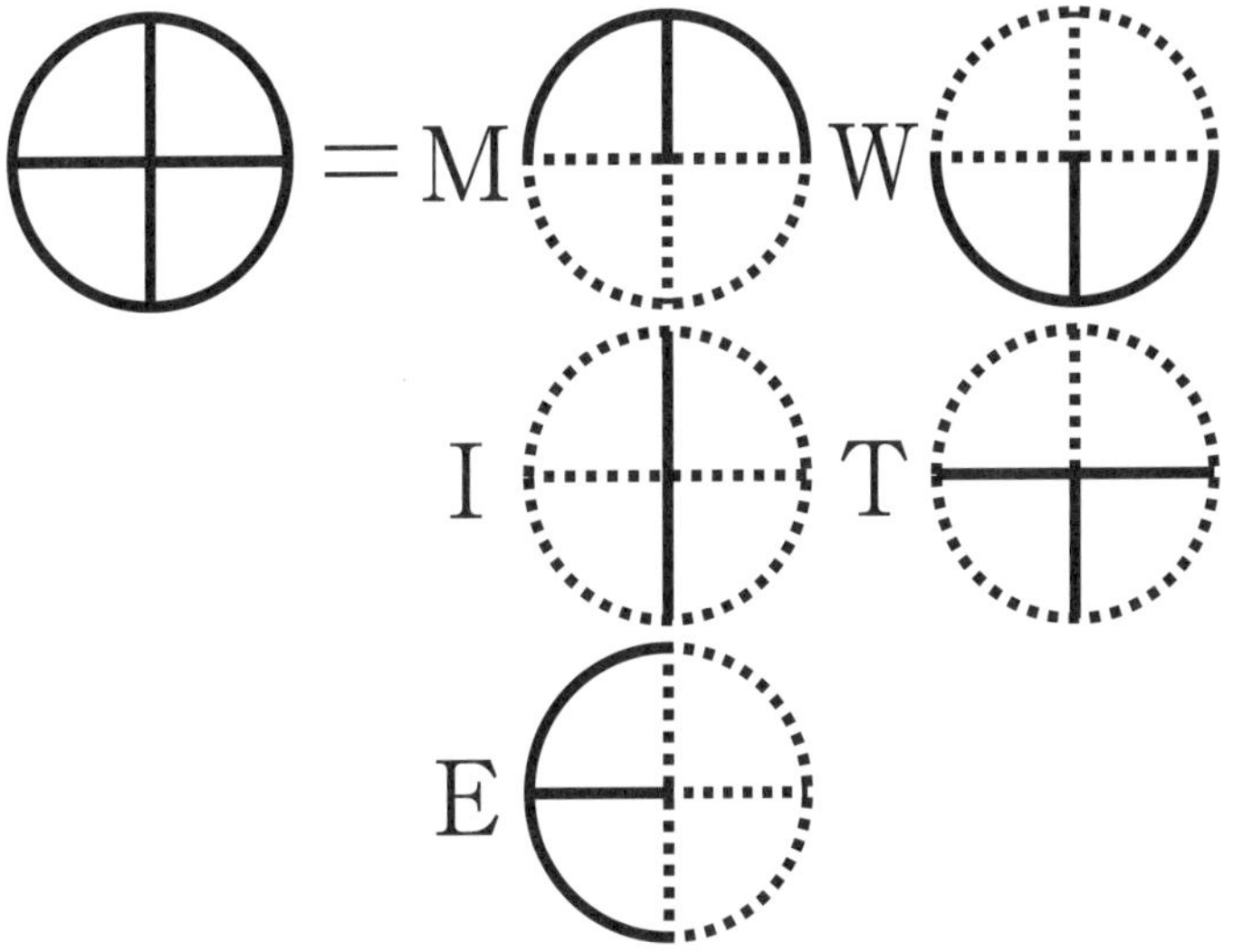

図5

ストならばローマ字が出てくるかもしれないが、多くの人は日本語で書くであろう。

　なのになぜ馬鹿の一つ覚えのように、ローマ字で印形を作ろうとするのだろうか？　答えは作りやすいから。それだけだ。

　ＷはＭを逆さにしただけであり、ＩはＴに含まれる。Ｏの中心に十字を入れればＭＷＩＴＥまで見つけることができる（図5）。

　前記で説明したように、ドイツの混沌魔術師はドイツ語で、ブルガリアの混沌魔術師はブルガリア語で印形を作る。日本人は日本語で作ることが大切である。

　練習をすればカタカナで書くことは難

しくないし、ひらがなで書くことも簡単になるだろう。漢字ですら簡単にデザインできるようになるだろう。漢字の多くは象形文字から発生していることを思い出してほしい。

次にイラストから印形を作る方法を説明したい。この方法では文字を使わないが、文字と組み合わせて作ることもできる。

まずイラストであなたの願望を示す。ここでは願望の例として「私の願いはAを行動不能にすること」を使用する。絵心は関係ない。願望をイラストで示すことが重要である。

図6はAを無数の釘で刺して行動を制限している。これを単純化して印形にするだけである。

図7が単純化している過程であり、完成したものが図8である。

このイラストから作る方法は、日本語を使う印形の作り方とは異なる思考法を使っている。それは我々の先祖が洞窟で象形文字のような図形を描いたのと同じ思考法である。

もう一つの例を「私の願いは幸運に恵まれること」とする。図9では777と人間しか描いていない。それは777がラッキーセブンと考えられると仮定し、カジノのメダルゲーム等の777やパチスロの777が幸運だと考えたからだ。

図10は図9を略したもので、完成図は図11となる。

イラストから作る方法の一つに、もしあなたがタロットカードの意味をある程度知っている

図7

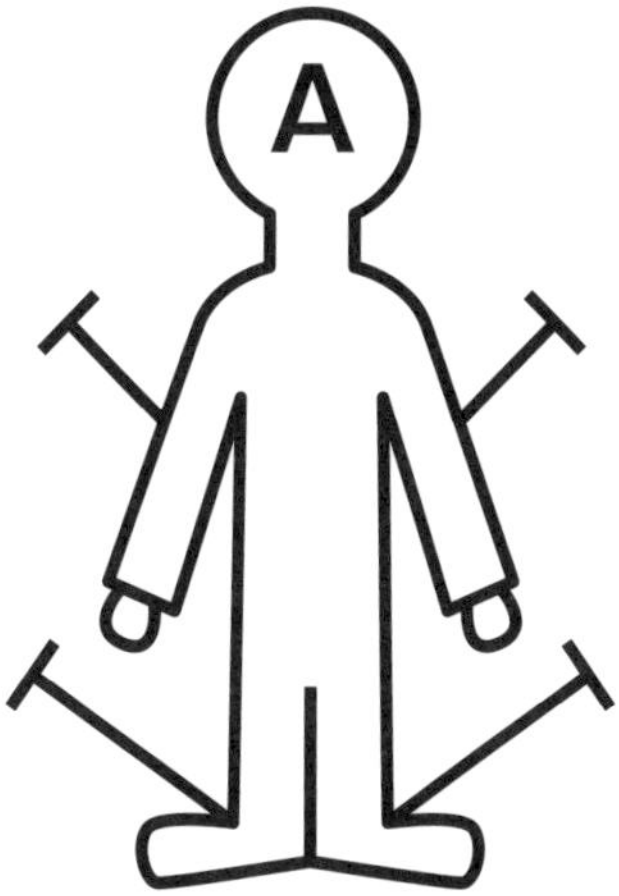

図6

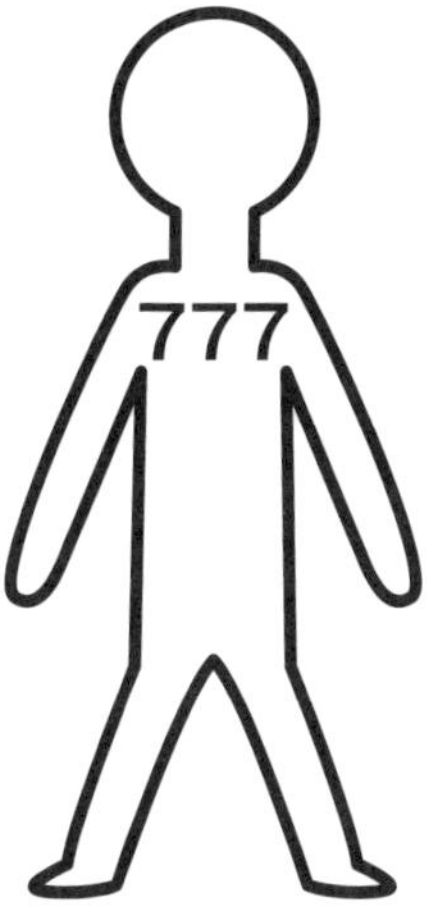

図9

図8

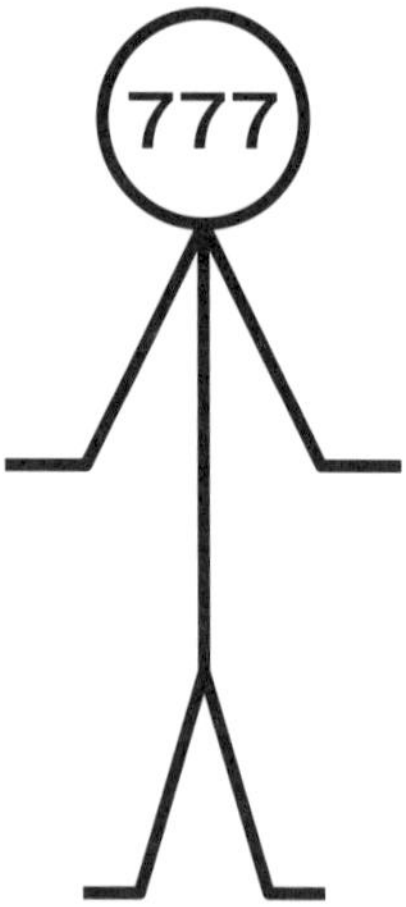

図10

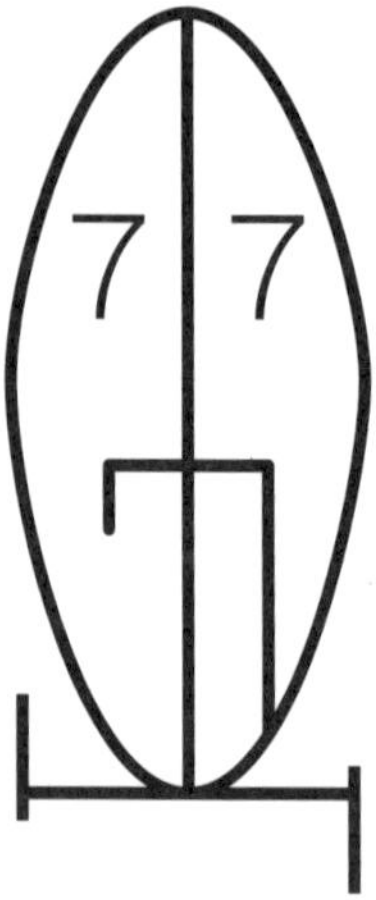

図11

なら、あなたが望む意味を示しているタロットカードの大アルカナをイラストの原案として使用してもよい。それを簡略化し印形にすればよいだろう。

　またイラストからではなく写真のコラージュからでも印形を作ることはできる。

呪文の作り方

　最後に呪文の作り方を紹介しよう。ここでは「私の願いは1年で1000万円を稼ぐことだ」を例とする。

　これは印形を作る方法と同じで、2度以上使われる文字を消す。すると、

「わたしのねがいはちんで10まえかせぐことだ」

となる。

これを呪文っぽく並び替えることで完成する。呪文っぽくするために言葉を付け足してもよいだろう。

「だとこ・ぐえかせ・じゅうま・でんちは・いがねの・したわー」

このように組み替えればよいだけである。もっと呪文っぽくしたいならば、

「だとこ・だとこ・ぐえかせ・じゅうま・でんちは・いがねの・したわー」

等と繰り返したり、それっぽい雰囲気を出すため、例えば、

「なうまくさまんだ・だとこぐえかせ・じゅうま・でんちは・いがねの・したそわか」

と真言の一部を付け足してもまったく問題ない。それなら天罰も受けない。

長いと思うなら、この呪文を短縮して一部分だけを使ってもよいだろう。その方がリズムがとれ、唱えやすいかもしれない。

「だとこ・ぐえかせ・じゅうま・でんちは・いがねの・したわー」

から、「だとこ・ぐえうま・でいが」や「ぐえ・じゅう・は・たわ」などとしてもよい。**大切なのは自分の手で呪文化すること**である。

あなたが多くを学習した混沌魔術師であるならば、火星なら5、金星なら7のような数字を対応させ、呪文を5文字、7文字にするなど、**あなたの願望に対応する数字と関連づける**こと

もできる。

お金は木星か水星に対応するので、ここでは木星と考える。その数字は4なので、呪文になる単語を4つとし、

「えーうーいーがー」

「だーぐーでーいー」

等々とする。

最新！ 短い印形や呪文を作る画期的な方法

最後に新しい印形の作り方としてローマ字から数字に変換し、そこから印形や呪文を作る方法を説明したい。例題である「私の願いは1年で1000万円稼ぐことだ」を使おう。

まずこれをローマ字筆記で書く。すると、

「WATASHINO・NEGAI・HA・ICHINENDE・ISSENMAN・KASEGUKOTODA」

2度使われる文字を消す。すると、

「WATSHINO・EG・CD・M・KU」

となる。従来はここで残った文字から印形や呪文を作っていたが、より簡素にするためにもう1ステップ付け加える。

アルファベットは26文字あるので、Aを1としBが2で、以降順番に数字を割り当てると、Zは26という数字になる。つまり、

「WATSHINO・EG・CD・M・KU」

を数字に置き換えると

「23・1・20・19・8・9・14・15・5・7・3・4・13・11・21」

となる。ここで2ケタの数字を足す。すると、

「5・1・2・1・8・9・5・6・5・7・3・4・4・2・3」

となる（19＝1＋9＝10＝1＋0＝1）。文字のときと同じように2回以上使われる数字を消すと、残る数字は、

「5・1・2・8・9・6・7・3・4」

となった。

これを再度、アルファベットに置き換える。すると、

「EABHIFGCD」

となる。アルファベットと数字の対応は表の通りである。

A	B	C	D	E	F	G	H	I	J
1	2	3	4	5	6	7	8	9	10
K	L	M	N	O	P	Q	R	S	T
11	12	13	14	15	16	17	18	19	20
U	V	W	X	Y	Z				
21	22	23	24	25	26				

アルファベットと数字の対応表

この文字から印形や呪文を作るのだ。この方法の特徴は通常のローマ字から作る印形や呪文より文字数を大幅に削減できるという点だ。

アルファベットによる「意図の文」だと、WATSHINOEGCDMKUは15文字だが、一度数字にして再度戻した文字はEABHIFGCDと9文字になる。これが新しい印形や呪文の作り方である。

この一度文字を数字化して再び文字にする方法はひらがなでも可能だが、「ぎゃ」や「ぱ」「しゃ」等々をどう数字化するかが問題となる。アルファベットの数字化より複雑になるので、ローマ字から数字、そして再度ローマ字に戻す方法の方がよいだろう。

印形や呪文の使い方（所要時間1～数分）

では、これら印形や呪文を実際に使う際の方法を紹介したい。これは28ページで説明したエンチャントメントという技術である。

必要なのは魔術意識（101ページ参照）状態の中で、印形に集中することである。集中した後に「笑／笑」（45ページ参照）して意識のクリーンアップをするだけである。

呪文については長時間唱え続ければ、魔術意識になるだろう。魔術意識の瞬間にも呪文を唱えるとよい。修行した物体集中と聴覚集中がそのまま使えるだろう。

完成した印形を使って長時間、物体集中をすればよい。このとき、あなたは願望を明確に記憶してもよい。

ただし、精神の編集者が機能を停止して印形が無意識に到達したとしても、叶わぬうちから叶った後のことをいろいろ考えてはならない。印形を使ったり呪文を唱えているときにも、叶わぬうちから叶った後のことをいろいろ考えてはいけない。

「1000万円を手にしたら海外旅行に行こう」「1000万円を手にしたら家を買おう」等々、願望から連想される思考を一切してはならない。さらに「いつ叶う？」「早く叶ってほしい！」等と、結果の熱望もしてはならない。

混沌魔術の基礎修行は徹底した自己統御である理由がここにある。**魔術意識の中で、印形や呪文が無意識に到達したら、その後で印形や呪文を思い出してはならないのだ。**

願望は鮮明に覚えておいてよい。しかし、呪文や印形を思い出してはならない。

無意識の中で、印形や呪文は「肉体を得る」（「肉体化する」と言ってもよい）。そうなると、**肉体を得た印形や呪文は無意識の力を使い、現実を変えていく**だろう。無意識というより潜在意識といった方があなたは納得しやすいかもしれない。どちらも同じだと思うが、印形や呪文はあなたの潜在意識に到達し、肉体を得て現実を変化させていくだろう。

では、潜在意識なり無意識に印形や呪文が到達し肉体を得たら、なぜ願いが叶うのか？　そのプロセスを説明したい。

あなたは願望を覚えているが、願望に反することは完全に無視しているので、無意識的に自分が変化して、願望が叶っているのだ、という心理学的な説明がある。

願望の例が「1年で1000万円を手にする」である場合、あなたは副業を開始してその副業が成功するかもしれない。その結果、「1年で1000万円を手にする」ことができるかもしれない。

しかし多くの印形や呪文は、こうした心理学的な説明を超えた不思議な力とも関係している。私たちは混沌とした宇宙に住んでいる。そして万物の創造主たる混沌は、私たちに願望を叶えるという力を手にするチャンスを与えているのである。

偶然が偶然を呼び、その結果として叶う願望は、まさに混沌とした状況の中で叶えられていくことが多い。ユング心理学では、個人の無意識は集合的無意識につながっているという。その集合的無意識に印形や呪文は働きかけ、現実を変化させているのかもしれない。

印形を視覚化する杖の使い方

杖は魔術意識になった瞬間、印形を視覚化する。だから視覚化した印形に杖を向ければよい。

あるいは魔術意識になった瞬間に印形を書いた紙に杖が触れればよい。魔術意識の瞬間に呪文を唱えながら杖を振りかざすだけでもよい。

また杖は常に持ち歩くことが大事である。熟達していけば、**杖を持ち歩くだけで願望が叶う兆しが迫ってくる**ことを実感できるだろう。

また、叶わぬうちから叶った後のことをいろいろ考えず、叶うことを熱望しない心境を会得しているならば、あなたはチャンスと思ったときに杖を握ることで、願望を達成することができるようになるかもしれない。

エンチャントメントを常に行うことは重要だ。絶えず変化する市場、移り変わりゆく日々の中で、エンチャントメントを行い続けることである。

不変なことは数えるほどしかない。多くの出来事は絶えず変化している。その変化の中で、印形や呪文の内容を変化させ唱える必要も出てくるだろう。出来事が起きるたびに印形や呪文を追加する必要も出てくるだろう。

私は最初のエンチャントメント（印形や呪文）を**「私の願いは素晴らしい混沌魔術師になること」**にすることを推奨している。この印形を作り、魔術意識の中で見つめてみよう。

またはそうした呪文を唱えたら、この印形だけは破壊せず取っておくことを推奨する。

普段は開けない小さな箱にしまっておくといいだろう。または特別なノートに描いて活性化させ、「叶う前からいろいろ想像する」「その結果できることを熱望する」ことをせずに、日々実践していく。

数ヶ月後、あなたは混沌魔術師になるためには「何が素晴らしいか」を考え、「素晴らしいもの」を小分けにするかもしれない。そのとき、あなたが思う「素晴らしい」の定義を表す印形の中で新しく追加するものを、最初の印形と並べて書いておく。

その上で再び魔術意識になり、その新しい印形を無意識に沈めよう。もちろんこのとき追加した印形も破壊せず保管しておくべきだろう。

数ヶ月後、この印形に何か追加するものを見出すかもしれない。こうしてでき上がっていく印形群は、あなたの混沌魔術師としての象徴となる。また、そこから始まる様々なアイデアが、探求と経験の中で発見されるだろう。

これは啓蒙と呼ばれる魔術のジャンルになる。エンチャントメントは願望達成のためだけに行われるのではない。あなたの成長と知識を得るために行われる大いなる作業にもなりうる。印形と呪文を杖に刻むのもよいアイデアかもしれない。

エンチャントメントに関して一つ注意したいことがある。実践者はバッドエンド（悪い結果）から放たれるエンチャントメントに陥りがちである。エンチャントメントの結果としてできることを熱望したり、希望が叶う前からいろいろ想像すると、悪い結果を招く（例えば恋人と復縁したいというエンチャントメントをしたのに、その恋人に会うときにテーマパークで会おうとして嫌がられりする。よい妄想もしてはならないのだ）。こうして悪い結果を招くエンチャントメントを、バッドエンドから放たれるエンチャントメントと呼ぶ。

のどがからからに渇《かわ》いたからと水をほしがるときは、脱水症状を起こしている場合がある。「のどが渇いたら、飲料水のことを考えるな！」というのは難しい。

起きた現象を変化させることはとても困難である。のどが渇く前に水を適度に飲むべきである。

それと同じで、浮気されてしまってからだと、相手を呼び戻すことはとても難しい。**混沌魔術師ならば最良な人生設計をして、出来事が起きる前にエンチャントメントをする。**そうして求められる最良な結果を創造する。

困る前にエンチャントメントをしておくべきである。そのために長いスパンで人生設計をし、人生の成功のエンチャントメントを行う。ときに軌道修正をするために追加の印形をまたエンチャントメントすること。

人生が弱肉強食の世界であるならば、弱者にならないように未来に向かって多くのエンチャントメントを行い続けることだ。

コラム　混沌魔術は危険か？

『実践魔術講座 リフォルマティオ』（秋端勉著、三交社）で、魔術団体「Balance of the Planet Wizard」（以下ＢＰＷ）が紹介されている。ＢＰＷの遺産を受け継ぐのが混沌の騎士団ともされている。

しかしＢＰＷに所属していた私があえて言うが、ＢＰＷの遺産などはない。この本の中で「混沌魔術を学ぶ者は誰も救ってくれないサナトスに墜ちる」と述べられているが、本当だろうか？（サナトスは死そのものを神格化した神の名だが、この本では深い闇とでも言いたいのだろうか？）

少なくとも、アメリカの魔術団体である「アメリカＩＯＴ」に所属した心理学者ティモシー・リアリー、文豪ウィリアム・バロウズ、ポップオカルトの元祖ロバート・アントン・ウィルソンには救いの手はたくさんあっただろう。死後深い闇に墜ちたとするのは死者への冒涜《ぼうとく》行為でしかない。

そしてピーター・キャロルが『無の書』で引用した、中世ペルシアのアサシン教団のハサン・サッバーフの言葉「何も真実ではない：全て許されている」に従えば、真実はないのである。このことはＩＯＴの参入儀式でも「あなたは究極的な真実がないと知っているか？」と尋ねられる。このハサン・サッバーフの言葉を借りれば、前述のような「サナトスに墜ちる」等の霊的脅迫とも思えるようなことをされることなどあり得ない。

そもそも『実践魔術講座 リフォルマティオ』の著者の秋端勉先生は深い闇に墜ちた魔術師を知っているのだろうか？　おそらく答えはノーだろう。見たこともない現象をさも見たかのように書くのは間違っていると思う。

そしてこの「何も真実ではない：全て許されている」の解釈は、少なくとも文字通りに解釈すれば（ＩＯＴでは文字通りに解釈されている）、真に言うべきことは私たちの人生には意味がないということである。あるのは完全な自由である。

この完全な自由しかないということは恐ろしいことかもしれない。とにかく何をしても自由なのだ。

私は大量殺戮《さつりく》やテロは最悪な行為だと思うし、自分が死にたいからといって周囲の人間を巻き添えにして死なせるようなことはあってはならないと心から思う。だが「何をしても自由」ということであれば、こうした最低最悪な行為ですら「自由」ということになる。これは人間だけに与えられた「自由」であり、動物はムカついたからといって、同じ動物を殺したりしないだろう。

人生に意味を見出したとしたら、それは真実ではない。それに誰かが真実としたいことは、この惑星の人口と同じ数だけあると言える。だから「究極的な真実」などはないのである。

しかし、こうも言える。真実がないと言うとき、何と比較して真実としているか？　真実を知らなければ真実を否定することはできないのである。

故に「究極的な真実」「絶対変化しない真実」という人類が経験したことのない真実などというものはないと言っているのである。これは危険なことだろうか？

多くの日本人が血液型性格判断を信じている。「あなたはA型っぽい」「自分はB型だから」などというこの固定観念——強いて言うなら発言者にとっての「真実」——は、その発言者が血液型性格判断を信じて真実と思っているから言えることであり、欧米諸国、欧州連合で血液型判断を信じている人などいない。

あり得る唯一の真実とは、今の科学と医学をもってしても75億の世界人口の中で「死なない人間はいない」ということである。あと1500年もすれば死なない人間が誕生するかもしれない。その時代が来たら、「死ぬなんてナンセンス」という真実が誕生する。

ただ全て許されているからといって、テロ行為をするならば、それ相応の対応がなされるだろう。混沌魔術に危険性があるとすれば、基礎修行をしていない者が、混沌魔術を行おうとすることだけである。

ここで実際に起きた印形魔術の詐欺事件を思い出しておきたい。平成の世、ある日本人集団が、混沌魔術の一つの技法である印形魔術を代理で行うという行為をした。

私はこの集団が基礎修行をしていないことを知っている。もし私の勘違いであるならば修行時代の魔術日記を見せていただきたいものだ。

正しい混沌魔術の哲学と教義を学んでいれば、代理で行うという発想は出ないだろう。しかし、この集団は、行ったのである。

これは「何も真実ではない：全て許されている」というスローガンでまとめられる行為ではない。無知で、学習していない集団の霊的詐欺である。

そしてこの集団は、不特定多数の希望者から願望を集め、印形化してバンジージャンプを使用して変性意識にし、印形を代理で活性化した。なぜバンジージャンプを使用したかは本書を読み解けばわかるだろう。

もし仮にあなたがあなた自身で願望を決めて、印形にするならバンジージャンプで活性化することは可能だろう。また、あなたの親しい友人で、その友人の幸せをあなたが本当に望んでいるならば、その友人の願望を印形にしてバンジージャンプで活性化することはできるだろう。

しかしこの集団の仕出かしたことについて、私はそんなことは不可能だと思ったので、すぐに海外の混沌魔術師に意見を聞いた。

今もそのやりとりは続いているのだが、ほぼ全員が、願望を印形にしてバンジージャンプで活性化することなど不可能だと言っている。そして願望が叶ったという書き込みをSNSで見かけたが、もはやこれは混沌魔術を利用した霊感詐欺と哀れな誇大妄想の狂信者たちの話である。

ここが混沌魔術の恐ろしい面かもしれないが、それは騙される者が無知であり、カルトのやり口や霊感商法、悪質なセミナーと同じことである。何も真実ではないし全て許されているから「こういう霊的詐欺すら許されるのが混沌魔術なんだ！」と思う人がいたら、それは違う。

基礎修行をせず、混沌魔術を学ばない詐欺師たちと、基礎修行を終えて混沌魔術を学んでいる者では明らかにクオリティーが違う。いくらきれいごとを並べても、それは私から見れば霊感商法とカルトゲームでしかない。

混沌魔術の危険性は、きちんと修行しなければ騙されるし、カルトゲームを始めたり、権力のゲームを始めるという結果になるだけである。要するに、仲良くできない自己主張の塊のような人たちが多すぎるのだ。

あなたの人生である。あなたが作り出し、あなたが思うように変更すればよい。それを他人任せにしてはいけない。

混沌魔術は、神々のロボットである人間の生き方から脱却することを目標に掲げている。混沌魔術には危険性などはない。逆に霊感詐欺師集団には騙されないし、あなたは自由を得られる。

そして気が付くかもしれない。本当に怖いのは「何も真実ではない：全て許されている」の本当に意味するところにたどり着いたときであろう。

しかしそこに混沌魔術の危険性はない。くどくなるが重要なので何度も述べよう。基礎学習をしていない混沌魔術が危険なのであり、それは霊感商法と同じ詐欺を引き起こすのだ。

おおよそなんでもカタカナで語ろうとする集団はおかしい。私は「シジルマジック」という言葉を著作の中で一回も使用していないし、「ケイオスマジシャン」とも書いていない。

このような手法が、カルト、高額なスピリチュアルのやり口と似ているからだ。修行なしに混沌魔術を使うことは危険だ、ということは書いている。

あなたは本書に従い基礎修行を行えば、安全に混沌魔術を扱えるようになるだろう。それでも誰も助けてくれないとか、深い闇に墜ちるというのは嘘である。

あなたが社交的であるなら、困ったときは「助けてください」と言えば、誰かが必ず助けてくれるだろう。仮に私に手を伸ばしてくれれば、私は必ずその手をつかんで離さない。

それに困ったら混沌の騎士団にコンタクトすれば、あなたには救済措置が取られるだろう。魔術団体所属であれば、あなたの信用度にもよるだろうが、救いの手は必ず差しのべられるだろう。

初期の混沌の騎士団の目的は霊感商法の被害者の救出であり、事実2名を救い、またスピリチュアルセミナーめいたものによる洗脳者を2名救い出している。これが闇に墜ちなければならない混沌魔術師の行動とは思えないだろう。

混沌魔術は危険か？　あなたがそう信じるならば危険かもしれないが、混沌魔術歴30年の私は未だかつて混沌魔術で危険な体験をしたことはない。

私が救われない人物として存在することもないだろう。サナトスに墜ちた魔術師を私は知らないのだ。

自動車の教習所に似ているかもしれない。初めての授業でクランク（ジグザグ走行）等は習わないだろうし、実技ばかり学んでも、学科を学ばなければ道路交通法を知らないことになる。道路交通法を知らずに道路で車を走らせることはとても危険である。

混沌魔術も然るべき基礎訓練を行っていれば安全であり、深い闇に墜ちることなど絶対にあり得ない。なぜなら、実際に深い闇に墜ちた人など知らないし、深い闇に墜ちた魔術師は私たちにコンタクトを取ろうとしないだろう。究極的に進化した、従来の西洋魔術師たちにも同じことが言えるのだ。

死んだ魔術師たちが私たちを導くことはない。血肉《ちにく》ある私たち人間が、己を鍛え上げ、自由を獲得し、闇と光の魔術を駆使してデッドエンド（行き止まり）を回避するのである。

第6章

喚起魔術を学ぶ

霊的存在たちに託して現実を変化させる喚起魔術（所要時間1〜30分）

「喚起魔術」とは、あなたの目的を霊的存在たち——悪魔、天使、精霊、式神、サーバント（従者）、使い魔、先祖返り（213ページ参照）——に託して現実を変化させることを指す。もちろん4大元素の自動装置（詳しくは『21世紀の性魔術の実践』参照）も喚起魔術で扱うことができる。

ただ混沌魔術では悪魔は自分ではどうすることもできない存在として扱われることが多い。例えば喫煙。ニコチン依存症など独力でどうすることもできない習慣を悪魔と見立てて、呼び出して追放する。または破壊する。

まず、いわゆる式神とか人工精霊とかサーバントの作り方を説明するが、その前に、どのような式神や人工精霊やサーバントを喚起すべきかを考えたい。

はっきりいえば、これらの霊的存在は半知性を持ち、学習する存在である。「別れた彼氏とよりを戻したい」とか、「略奪愛を成功させたい」等の一時的な願望の達成のためには喚起魔術を行わない方がよいだろう。

愛の精霊の喚起であるならば、復縁から略奪愛、さらに浮気まで広範囲に働きかけるだろうから、扱ってもよいかもしれない。**一時的な願望は全てエンチャントメントで達成すべき**である。

もちろん、どうしてもダイエットに成功したいから喚起魔術で存在を呼び出し命令したいという願望があるならば止めはしない。だが、こうした**一時的願望のために喚起される霊的存在には寿命がある**。

あなたの願望が達成できたり、無理だと思った時点でその存在は死ぬだろう。正確に言えばソウルがその存在から離され、存在は消滅するのだ。

ここでは、占いを手助けする存在を例題にして、説明していく。まず、占いを手助けするという意図の文をカタカナやひらがなで書く。

「ウラナイヲテダスケスル」

2度使われる文字を消すと

「ウラナイヲテダスケル」

となる。これを印形にすると図Aとなった（149ページ）。

これはエンチャントメントの印形と作り方は同じである。そしてあなたは占いについて考え、それが未来を見通す目だと考える。また占いとは情報を扱うことだと考えたとして、目と情報の象徴である水星の象徴を使うと考えたとする。

図Bは眼と図Aと水星のマークとを並べたものである。さらにこの存在に名前を付けたいと考えたとする（実際は名前はなくても問題なく働きかけることができる）。その名前は占いから取ってウラナエルとした。

図Aに目と水星の象徴を組み合わせたものが図Cであり、装飾を施して魔術っぽくしたものが図Dである。完成した印形を**「物理基盤（物質的基盤）」**という。

今からおそらく数年以上は使役するだろう印形を紙で作ると、ちょっとしたことで破れたり、濡れたらインクがにじむかもしれない。そうならないような物理基盤にするために、小さな木の板（ホームセンターで買える）に彫刻しよう。

あるいはアクリル板（ホームセンターで買える）に彫刻してもよい。そのようにして、頑丈な素材で物理基盤を完成させることが重要である。

混沌の魔術結社「イルミネーション・オブ・サナテエロス」（IOT）在籍中、あるメンバーが紙に書いたサーバント（従者）の印形を引き出しに保管していた。ある日、そのメンバーは胃腸炎となって入院し、退院してからも入退院を繰り返した。

退院したとき、たまたまサーバントの印形（紙に描いてあった）を保管してある引き出しを開けた。すると腐乱したネズミの死体がサーバントの印形の上に横たわっているのを発見した。

図B

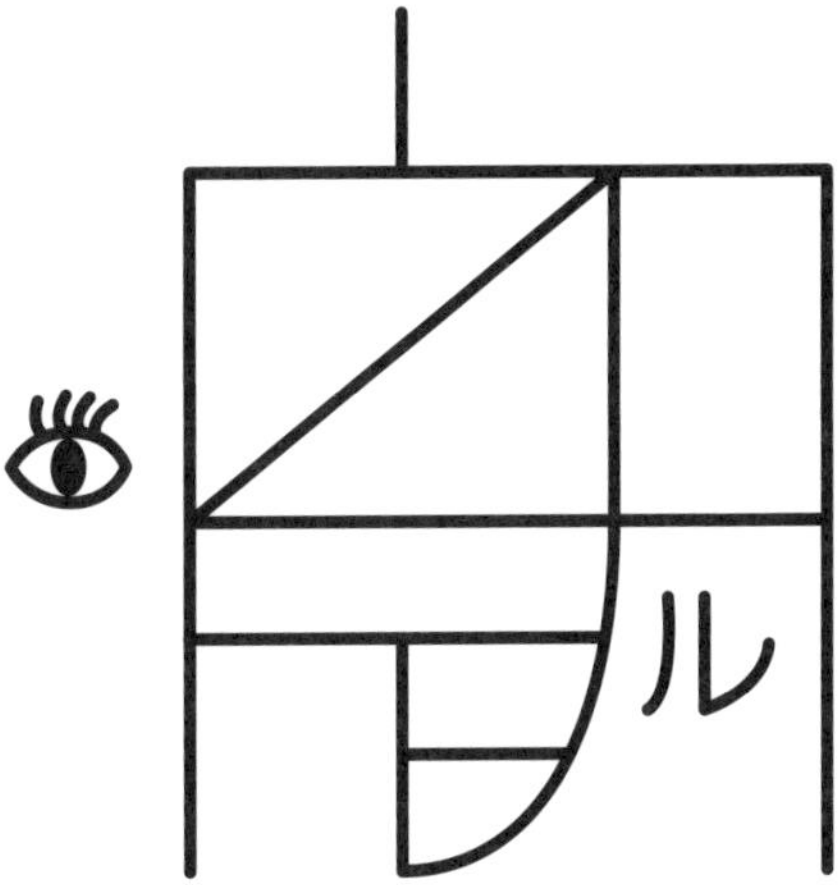

図A

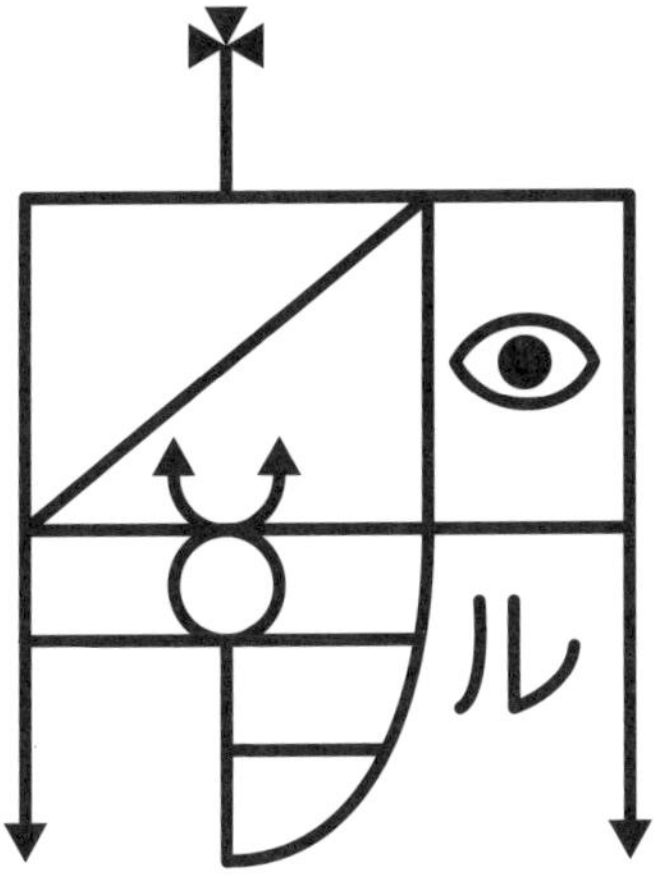

図D

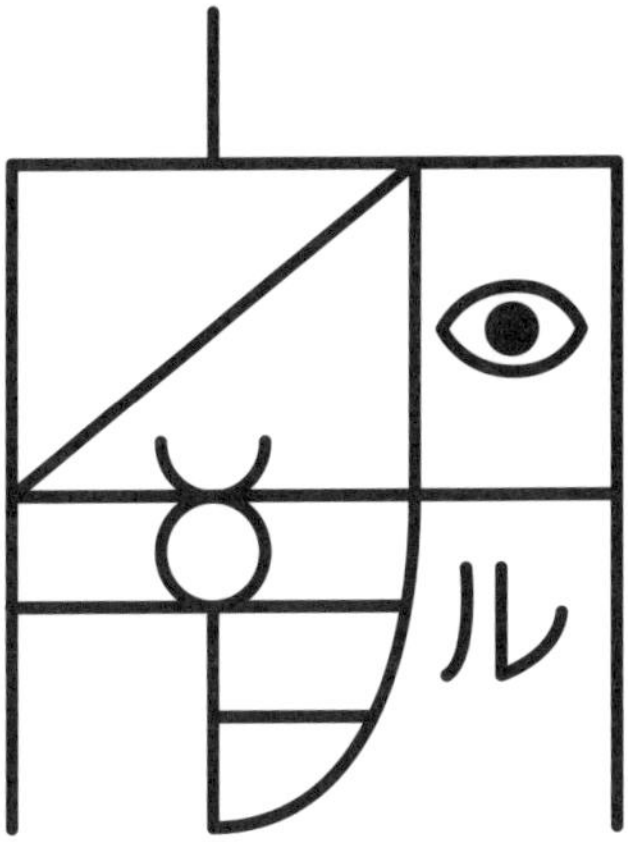

図C

すぐさまネズミの死体を捨て、サーバントの印形を炎で燃やした。それ以降メンバーが胃腸炎になり入院することはなくなった。

この話で当時問題となったのは、サーバントの物理基盤を新しく作り直し、ネズミの死骸で汚れた紙の物理基盤からサーバントを引っ越しさせることができるか、ということであった。従来の西洋魔術の奥義書やGOETIAでも、物理基盤を用意したのに悪魔が魔術師の命令に逆らったり喚起に応じない場合、その物理基盤に呪いをかける。それぐらい物理基盤は重要である。

なおネズミの死骸で汚染されたサーバントの物理基盤の引っ越しは不可能という意見のメンバーが多かった。引っ越しは不可能と考えるメンバーのサーバントは破壊され、基盤も燃やされるだろう。

とにかく物理基盤は頑丈なもので作ることが望ましい。保管場所もよくよく考えるべきだろう。

サーバントは物理基盤の上に呼び出され、物理基盤の範囲で活動する。だから占いを助ける存在（サーバント）は、あなたが占うとき物理基盤を持つことで、あなたの占いを手助けするだろう。

サーバントは的中率を上げるのか？　遠い未来まで見通せるのか？　サーバントという存在

料金受取人払郵便

新宿局承認

2525

差出有効期間
2025年3月
31日まで
（切手不要）

郵便はがき

160-8791

141

東京都新宿区新宿1－10－1

（株）文芸社

愛読者カード係 行

お名前《ふりがな》		明治 大正 昭和 平成 年生 歳
ご住所《ふりがな》	□□□-□□□□	性別 男・女
お電話番号	（書籍ご注文の際に必要です）	ご職業
E-mail		
ご購読雑誌（複数可）		ご購読新聞 新聞

最近読んでおもしろかった本や今後、とりあげてほしいテーマをお教えください。

ご自分の研究成果や経験、お考え等を出版してみたいというお気持ちはありますか。

ある　ない　内容・テーマ（　　）

現在完成した作品をお持ちですか。

ある　ない　ジャンル・原稿量（　　）

書　名				
お買上 書　店	都道 府県	市区 郡	書店名	書店
			ご購入日	年　月　日

本書をどこでお知りになりましたか?

1.書店店頭　2.知人にすすめられて　3.インターネット(サイト名　　)

4.DMハガキ　5.広告、記事を見て(新聞、雑誌名　　)

上の質問に関連して、ご購入の決め手となったのは?

1.タイトル　2.著者　3.内容　4.カバーデザイン　5.帯

その他ご自由にお書きください。

(　　)

本書についてのご意見、ご感想をお聞かせください。

①内容について

②カバー、タイトル、帯について

弊社Webサイトからもご意見、ご感想をお寄せいただけます。

ご協力ありがとうございました。

※お寄せいただいたご意見、ご感想は新聞広告等で匿名にて使わせていただくことがあります。

※お客様の個人情報は、小社からの連絡のみに使用します。社外に提供することは一切ありません。

を作るのはあなた自身なのだから、その辺の条件はあなたが吟味して設けるべきだ。

もちろん占いを助けるだけではなく、読心術を助けるサーバントや、魔術的な知識を収集してくれるサーバント、エンチャントメントを手助けしてくれるサーバント等を作ってもよいだろう。

しかし恋愛を助けるサーバントとなると、あなたの恋愛の考え方により働きがまったく異なる。恋人募集程度の役目を持つサーバントを作ったなら、あなたに恋人ができた時点でサーバントは役目を終え、自然消滅するだろう。

長尾豊著『「魔術」は英語の家庭教師』（はまの出版）に英語の学習を手助けする存在を作る方法が書かれていた。この方法ではサーバントは物理基盤がないアストラル（第11章参照）な存在であると仮定していた。

物理基盤がないアストラルな存在でも、英語の学習を助けてはくれるかもしれない。しかしあなたが英語に興味をなくしたり、必要性がなくなったら自然に消滅するだろう。

なぜ、魔術師が作り出した式神や人工精霊やサーバントは自然消滅するのか？　それは**「マジシャンズシアター」の原理**によって消滅しているように観測できる。

マジシャンズシアターでは何万のエゴ、思考、観念、感情、神、悪魔、精霊が殺し合いをしている。勝者はたった一人であり、勝者のみが心に存在するのだ。

存在を創造する方法はシンプルである。**魔術意識になった瞬間に物理基盤に集中するだけでよい**。命令する必要もない。なぜなら物理基盤を構成しているとき、存在するための任務が織り込んであるからだ。

物理基盤に集中したときに存在は創造され、次に命令をする。名前を付けたのは、単にそうした方が命令しやすいと思うからだ。あなたが占うとき、物理基盤をポケットに入れたり、身近に置いて、物理基盤に話しかけ、「ウラナエルよ！　占いを助けろ」などと命令すればよいだろう。

物理基盤に血や性的分泌液を塗った方がいいか？

物理基盤を作るときによく話題になるのが、**血の供儀や性的分泌液の供儀**である。要するに物理基盤を作り魔術意識の中で集中する前に、血を物理基盤に塗るかどうか。または性的なオーガズムこそが魔術意識なのだから、性的なオーガズムのときに集中して、性的分泌液を塗るという行為をするかどうかだ。

その問題が話題になりやすいが、この分泌液や血を塗る行為は物理基盤とあなたを紐づける程度の効果であって、絶対必要な方法ではない。ましてや自分以外の血を使うことは大変野蛮な行為である。やったとしても血の量は一滴、いやささくれで血が滲んだぐらいの量で十分である。

もちろん唾液でも紐づけの理論には十分適《かな》うので、血の供儀はいかにも魔術をやりましたということを見せる意味しかない。どうしても血にこだわりたいならば、わずかな一滴を物理基盤に塗ればいいだろう。

女性の方は生理の血でもかまわないが、そうすると生理になるまでサーバントを扱えないことになってしまう。またピルを飲んでいる方は生理の血など関係ないのだから、血にばかりこだわるより、物理基盤を舐《な》めれば十分紐づけされることになる。

魔法円の一例（https://commons.wikimedia.org/w/index.php?curid=2216850より）

ＧＯＥＴＩＡの悪魔を喚起してみたいという方にいくつかのアドバイスをしておきたい。まず魔法円は不要である。心配ならばあなたの信じる神聖な神々の名前をひらがなでもカタカナでも梵字でも英語でもいいから、円周に書けばいいだろう。

次にＧＯＥＴＩＡ通りにするならば、魔法円から90センチ離れたところに正三角形を書き、そこに神聖な名前を書くようだが、それもいらない。あなたが神聖だと思う3組の原理を好きな言語で書けばよい。

仮にあなたが現代社会の神聖な3つの原理は「金、ネット、スマホ」であると本気で考えるならば、その3つを書けば十分効果を発揮する。その三角形の中に、悪魔の紋章（GOETIAに描かれた悪魔のマーク）を設置する。

悪魔の紋章は可能な限り、指定された金属に書くべきかもしれない。なぜなら悪魔が逆らった場合、その紋章を火あぶりにすることができるようにしておくためだ。

描かれた紋章だと火あぶりにしたら燃えてしまう。しかしどうしても紙に描くならば、呪う方法を工夫しなければならない。

さらに金属に刻印しないならば、別にプラ板（ホームセンターで買える）に描いても同じだろう。紙を選択肢として考える必要はないのだ。

それにGOETIAのあの長い祈りを黙読することは役に立たない。タタール人がどうした、神聖な名がどうした……というのはGOETIAの作者、おそらくキリスト教がラテン語を使い始めた頃に書かれたという時代背景に影響されただけである。

実際、IOTではバフォメットのミサ（詳細は『無の書』参照）でGOETIAの悪魔を呼ぶのはありきたりな方法であった。単に記憶しやすいからだろう。

しかし「生まれなき者の儀式」（『魔術――理論と実践』に収録。サメクの書。国書刊行会発行）でも

「これぞ言葉なり。現れよベリアル」と付け足しても喚起はできるのだ。

むしろ、こんな長々しい祈りを悪魔が出現するまで続けても魔術意識の極度の疲労を起こすだけである。混沌魔術師ならば死の姿勢（59ページ参照）を行えば、わずか一分数十秒で悪魔を呼び出すことができるだろう。

ポイントは魔術意識の中で、三角形に置かれた紋章に集中するだけである。もっと簡単に済ませたいならば、**魔法円の中でマスターベーションを行い、オーガズムの瞬間に悪魔の紋章に集中すればよい。**

始める前に目的を宣言する

前後してしまったが、ＧＯＥＴＩＡの悪魔をチョイスして呼び出すことにしたならば、スタートする前にあなたの目的を宣言しておくことが必要となる。さもないと呼び出した後、その悪魔にあれしろこれしろという命令をしなければならなくなるからだ。

ＧＯＥＴＩＡで紹介された悪魔で恋愛を成就したいならば、「シトリー」という悪魔を呼びだそうと考える方が圧倒的多数だろう。故にはじめに「私の意図はシトリーを呼び出して誰それと付き合うことだ」と宣言する。

そして死の姿勢をとったり、マスターベーションをし、悪魔の紋章に魔術意識の中で集中すればよい。そうすれば命令する必要はない。

これは魔術研究家の長尾豊氏が紹介したオースティン・オースマン・スペアの武勇伝の一つだが、ジェラルド・ガードナーという魔女宗の元祖が、オースティン・オースマン・スペアに「失われた財産を取り戻す」ための護符を依頼した。ちなみにこの「失われた財産」というのは、女性の魔女のことだ。

その女性の魔女がケネス・グランドというアレスター・クロウリーの弟子の魔術結社に入団したため、ジェラルド・ガードナーとしてはその女性を取り戻したかったのだ。ちなみにガードナーは、スペアとグランドが知人関係であることを知っていてあえて失われた財産としてスペアに依頼した。

ケネス・グランドとこの女性が儀式をしていると、まず女性は恐怖を感じ、さらに、巨大な鳥に掴まれたかのように引っ張られたという。窓には鳥の引っ掻き傷が残り、その傷はスライムのようなものに覆われていたという。

そしてオースティン・オースマン・スペアが依頼を受けて作ったという魔術的な道具には、鷲の爪とコウモリの翼を持ったフクロウのような生物が描かれていた。長尾豊氏はそう紹介しているが、私はこの話はケネス・グラント側の話でしか聞いたことがない。

ジェラルド・ガードナーがスペアに依頼したという件も、ジェラルド・ガードナー側の証言はない。全てケネス・グラントのサイドの話となる。

何よりも、オースティン・オースマン・スペアは若かりし頃、友人に精霊を見せてほしいと言われ、精霊を目に見える形で呼び出した。その友人らは恐怖しやめてくれと頼んだという。この友人2名は精神的に病んでいったというありきたりな話になっている。

これも、ケネス・グラントが発信した情報であって、オースティン・オースマン・スペアは精霊を目に見える形で喚起する方法論を書籍の中で一回も論じていない。

喚起する存在を目に見える形で呼び出すことを「物質化」という。中世や20世紀に入ってからの存在の物質化には薬物が使用されているだろう。

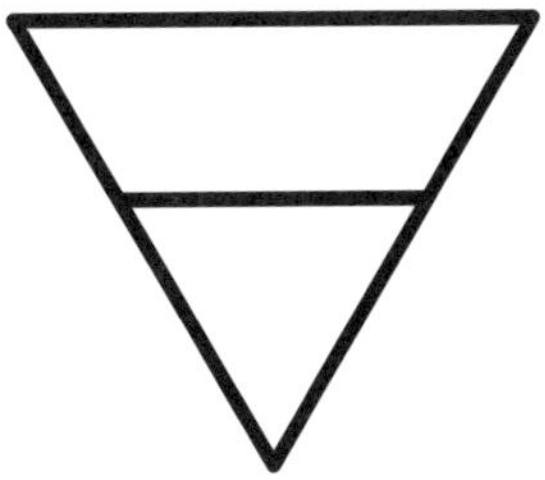

魔術元素記号「大地」

そもそも物質化したからといって、使い魔、式神、サーバント、悪魔、精霊の威力が増すことはないだろう。物質化は超常現象のジャンルになるだろう。

この手の話は今も世界の混沌魔術師が研究しているか、あるいはもう研究を終えた話となる。印形一つで物質化できると簡単に考える混沌魔術師が多いが、物質化を行った混沌魔術師の多くは予期せぬ現象に遭遇している。存在を物質化した瞬間、部屋に大量の砂が出現したり、部屋に小規模のサイクロンが発生し、部屋を破壊している。

どうしても物質化を体験したいという実践者のために、私がアドバイスできることは、**物理基盤を作るときに魔術元素記号の「大地」を付け加える**ことだ。または最初から物理基盤に「物質化する」という単語を印形にして組みこむことである。

もしくは喚起するときに、魔術意識の瞬間に、物理基盤の上の「私の意図は物質化だ」という印に集中することだ。

ここで魔術の元素記号の大地が何かがわからないような実践者ならば、物質化等をする資格はないだろう。そんなこともわからずに物質化を試みようとする実践者は喚起する存在の物質化より、この本を閉じて伝統的な魔術を一通り学んでみるべきだろう。

「サーバント」を使役する際の注意点

アレスター・クロウリーは喚起魔術の物質化にクレタ島（ギリシャ）の花ハッカをインセンスに使用するとよいと書いている。花ハッカとはオレガノのことだが、「なぜクレタ島で採れるオレガノをインセンスとして使用すれば物質化ができるのか」という仕組みについては明かされていない。

あなたが使役するだろう「使い魔」等（本書では「サーバント」の表記で統一する）は同時に何体まで使役できるか？　ＧＯＥＴＩＡではそこで紹介されている悪魔に何百の眷属が従っているとされているし、日本の密教の経典では何千という眷属が従っていると書かれている。ＩＯＴでは魔術師が使役できるサーバント（従者）は４体までと考えられていた。ＩＯＴの実践では４体のサーバントを作り、６時間ごとに喚起して使役するという実践方法が紹介されている。

この４体縛りは、ピーター・キャロルのアイデアである。その根拠は中世の魔術の奥義書『アブラメリンの魔術』の中で、魔術師は４体の使い魔を使役できるとされているので、４体としているわけである。

私は西洋人と東洋人の意識の違いや文化の違い、感情表現の違いを考えて、12体までは使役できると考えているが、あなたの代わりにあなたの任務を遂行するサーバントは12体も必要だろうか？

これははっきり言っておきたいが、どうやら多くの魔術師たちは仲よくできないようだ。故にあなたがいつか、もしかしたら一方的に魔術的闘争のターゲットになるかもしれない。そこで、「魔術的防御と攻撃」のサーバントを作っておくとよいだろう。

魔術的な攻防を役目とするサーバントを先に作っておけば、「呪われた」だの「呪われている」だのという誇大妄想とさよならできる。作り方は２３１ページを参照してほしい。

あとはあなたがサーバントに自分の意図を託して、「世界をどう変えていくのか」をテーマとすべきである。あなたが今流行のインフルエンサーになりたいならば、サーバントを作り出してインフルエンサーになるまで使役すればいいだろう。

ただし絶対に越えてはならない壁がある。それはサーバントの意見を鵜呑みにして行動することだ。

仮にあなたがＦＸ取引を手助けするサーバントを作ったとする。そのサーバントの声に従ってＦＸをやり始めたとして、儲けているときはいいかもしれない。だが、損を出し始めたら、あなたはサーバントの声に従って行ったことなのだから、サーバントに「損失を取り戻せ」と命令するだろう。

しかしそんなことで損失が取り戻せるならば、苦労する人は誰もいない。そうやってサーバントの意見を聞き始めたら最後、あなたの日常生活は誇大妄想で形成されるだろう。

あなたに起きる不幸の全てはサーバントのせいだと考え始め、霊的誇大妄想を始めるだろう。そのうち些細な命令で些細な現実変化が起きても、全てサーバントのせいと考え始めるだろう。

ちなみにサーバントは自然消滅する。単発的な願望を達成するために作られたサーバントであれば。例えば「志望校合格のサーバント」を作って勉強し、志望校に合格したらサーバントは消失する。役割を終えたからだ。

しかし**恒久的任務を持つサーバントは自然消滅しない。**例えば「家内安全」のサーバントは長く存在し続けるだろう。そしてもし必要が生じたら、サーバントを解体しなければならない。

例えば「ビジネスを成功させる」ためにサーバントを作ったとしよう。数ヶ月〜数年間努力し、ビジネスが成功したとき、そもそもビジネスの世界は絶えず変化するから、ネクストステージを考えるだろう。

このとき今のサーバントを解体し、新しいサーバントを作りたい（要は市場に合わせたサーバントを作りたい）なら、どうしたらいいか。まずは、サーバントの物理基盤を前にして魔術意識になればよい。

物理基盤に喚起されたサーバントに、消失や解体や自己破壊を命じて、手をかざす。あなたがサーバントを吸収することで、あなたのサーバントは分解される。

次に物理基盤を燃やすなり、破るなり、流水に流すなどすれば、完全にサーバントを破壊したことになる。

物神の作り方と、悪魔を喚起して破壊する方法（所要時間数分～30分）

第8章で説明するが、**「物神《ぶっしん》」**は「呪力があるとして崇拝の対象とされるもの」であり、とても強力に働きかける喚起魔術の妖術スタイルである。物神化するサーバントはそうそう破壊されないし、ときとして時代をまたいで受け継がれていく。日本の伝承「憑き物筋」がよい例であろう。

憑き物筋とは家系ごとに受け継がれていく霊的存在のことである。私は16年前、「オサキモチ」の家系を調査した。調査した「オサキモチ」の家の方は、通常部外者には見せない霊的存在の物理基盤を私に見せてくれた。

150年間受け継がれたという「オサキ」の物理基盤は、動物の尻尾であった。この家系はとても裕福であったが、それは全て「オサキ」という霊的存在の憑き物がお金や運を持ってくるからだと信じていた。

このように時代を超えて受け継がれる強力な霊的存在は、日本固有ではなく南米等のシャーマニズムにも見受けられる。胎児のミイラであったり、人間の首であったりするが、そこに霊的存在が宿っているとして信仰されている。

混沌魔術では、このような時代を超えて形成される物神（Fetish）を作ることも可能である。

最後に、悪魔を喚起して破壊する方法を説明したい。ここでいう悪魔とは、自分を分析して初めて見つけることができるが、自分の力ではどうすることもできない習慣や思想や行動を指す。

まず仮にあなたは煙草が確実に健康を害する有害物質だと知っているが、自分の力でやめることができないとする。その状態を悪魔と見立てよう。

「なぜ煙草をやめられないのか」をあなたは冷静に考え、それは習慣的になっているからだとか、様々な理由を発見するだろう。

中世の奥義書には悪魔にはたくさんの眷属が存在していると書かれているが、それと同じで、あなたが煙草をやめられない理由は多くあるだろう。全ての理由をノートにこと細かく書き留めてみよう。どんなときに喫煙という悪魔が働きかけ、あなたに喫煙させるのかや、喫煙欲求という名の悪魔が出現する時間を調べたりして、喫煙を分析するのだ。

次にするべきことは悪魔に関する印形を作ることである。この過程にはあなたが調べ尽くしただろう喫煙に関係する要素が込められているべきである。

仮にニコチン依存症に由来する要素をニコデミウルと命名し、その名前から印形を作ってもいいだろう。または「1日何本吸っているか」等の数字も印形を作るときに書いてもよい。喫煙に対する悪意と憎悪も印形に組み込んでもよい。喫煙を分析した全てが印形に組み込まれるかもしれない。

あなたが次にすべきことは、印形を清書して魔術意識の中で、悪魔ニコデミウルを呼び出すことだ。そうするには、魔術意識になって、印形に集中するだけでよい。

喚起するために集中しているのだから「現れよニコデミウル」という命令はいらない。あなたが印形に集中した瞬間、悪魔は現れるだろう。

自分でやめることができない喫煙を悪魔として呼び出し、その悪魔を破壊するのだ。またはあなたの意志に従って喫煙をやめさせるように命令する。あなたが作った現実であるのだから、当然、あなたが変更できる。

悪魔を破壊する場合、強く視覚化した剣や、魔術道具の杖でその悪魔を突き刺せばよいだろう。悪魔に命令して喫煙をやめるならば悪魔を支配下において、「煙草を金輪際吸わせるな」と命令すればよい。

それから退去儀式を行えば、数時間で魔術の効果は発揮される。あなたはもう煙草を吸わないだろう。煙草を憎悪し捨ててしまうかもしれない。

この技法の有効性は喫煙だけに限らない。何度挑んでも失敗するダイエット、治したいけれど治すことができないドメスティックバイオレンス、薬物中毒など、あなたが自分の力でどうすることもできない自分の行動を分析し悪魔にして対峙し、支配したり破壊することでやめることができるのだ。

最後に一つ。サーバント（従者）には多少の知性があり、前に説明した「ビジネスを成功させる」サーバントの場合、絶えず変化する市場をある程度予測して活動する。完全にビジネスが成功するまで働き続けるので、新しいサーバントを創造しなくてよいかもしれない。

何ができて何ができないかは、あなたの力量である。サーバントを使っていろいろと挑戦することはあなた自身にとって、喚起魔術の可能性を深めていくだろう。

ただしサーバントはあなたのカウンセラーではないということを覚えておくべきだ。

魔術の杯を見つめることで未来を見たり、望む情報を得る（所要時間30分）

占いは世界的なブームなのかもしれない。考えてみれば古代文明だって占いを元に発展してきた。現在も占いが流行しているが、古代から今に至るまで人の営みはあまり変わっていないと言えるかもしれない。

多くの本が占いを詳細に解説している。タロットカードやルーン（魔術堂で買える）は専門書も出ているだろうからそちらを参照してほしい。

混沌魔術で扱うべき占いは、魔術の杯（以降「杯」と書く）を見つめることで未来を見たり、ほしい情報を得たりするということである。

まず混沌魔術の杯はどこで買えるか？　魔術堂のチャリスを見て（インターネットで見れる）、自分でこれがよいという杯を買えばいい。

黒い大理石で作られたボウルもお勧めである。なぜなら、中に黒い液体を注がなければならないからだ。黒い液体はコーヒーや炭酸が抜けたコーラ、黒い塗料を溶かした水でいいだろう。

まず知っておくべきことは、混沌は自らの存在を証明するために時間と空間と質量を創造しているということである。その中で不確かで、決定されていない事柄を占うことができるというのが原則である。

「浮気した彼氏をどうやったら取り戻せるか」を占えるか？　浮気した彼氏にとり、その相談者に魅力を感じなかったり、相談者と比較して新しい女性の方が魅力的なので、その新しい女性と交際しているという動かぬ事実があったとする。それは占いというより人生相談だろう。

「どうやったら取り戻せるか」という相談は、占いではない。

また混沌とした宇宙の中で、遠い未来を見ることは難しいだろう。無人島で暮らしていない

（右）ルーンストーン、（左）カップ（画像提供・魔術堂）

限り、様々な出来事が影響し、リアルを作り出す。そのような状況で、占いを的中させることは難しいとわかるだろう。

全ては刻一刻と変化していくのだから、占術の的中率を上げることは難しい。あなたが「占術を助けるサーバント（従者）」を作っているならば、占術をするときサーバントの物理基盤を持っておくことをお勧めする。

杯（カップ）の中身を黒い液体（黒であれば何でもよい）で満たし、占術の意図を宣言する。例えば「私の意図は1週間後の自分を知ることだ」や「私の意図は対象者A氏の弱点を知ることだ」等々である。間違っても「どうしたらいいですか？」と占ってはいけない。それはあなたが決めることであって、混沌が決めることではないからだ。

次に、**黒い液体で満たされた杯を手に持って、ソファーや椅子に腰かけて、何も考えずに杯をのぞき込む。**思考を完全に停止して、ひたすらのぞき込む。

最初はどれだけのぞき込んでも、何も見えないだろう。光の反射が見えたり自分の顔が映り込んでいるだけである。これは修行していくしかないので、ひたすら毎日のぞき込む。

もちろん予知の神や女神や情報の神を召喚した後に、杯をのぞき込んでもよいだろう。ちゃんと基礎修行を終えていれば、数週間もすれば杯は突然、**奥行きがない永遠に続くトンネルのように見えてくる**だろう。

この時点で初めて魔術の杯は魔術的に使用可能となる。続いて見えるのは、占うテーマとはまったく無関係な映像である。またはズバリ未来の風景である。

魔術の杯には催眠的な力があり、受動的であるから、あなたは映像を見るしかない。映像を変えることや自分の望む映像を見ることはできない。

基礎修行さえちゃんと終わっていれば、**映像を見るまで1ヶ月はかからない。**

ダークミラーがあなたの未来を映し出す（所要時間30分）

ここで一つ。この占術はスクライイング（幻視を得ること）と呼ばれる技術の応用である。だから、スクライングミラー（魔術堂で買える）で事前に練習しておくとよいかもしれない。

スクライングミラーは喚起魔術の際に喚起する悪魔を映し出すためにも使われるようだ。スクライングミラーの訓練では、スクライングミラーが雲のようなもので覆われ、次にその雲のようなものがグルグルとスクライングミラーの中で回転するとされている。次に光を放ち、見知らぬ風景が見えるという。それは読み手がその説を信じているから起きることである。

そもそも雲のようなものは、黒いものを数十分見続けていれば誰でも観測できる現象である。黒い色彩に明暗がつくので雲のように見えるだけであって、何か霊的な、混沌が創造する前物質ではない。

むしろそのような雲が見えるならば、物体集中を思い出して、即座に見えているものを修正して、スクライングミラーだけに集中すべきである。

ちなみにスクライングミラーに凹《へこ》みを求める方がいる。それもその人がそう信じるから凹んだ形のスクライングミラーをほしがるだけである。スクライングミラーは、ホームセンターで直径10センチぐらいのアクリル円版と艶《つや》消しの黒いスプレー塗料と艶消しのニスを購入すれば、自作することもできる。

まずアクリル板の片面に均一に艶消しの黒のスプレーで塗装して、乾いたら艶消しニスを塗る。これだけである。これで十分スクライングミラーとして機能する。

W・E・バトラーの魔術の本がスクライングミラーに関して凹んだものを強調しているが、凹んでいなくても十分使える。

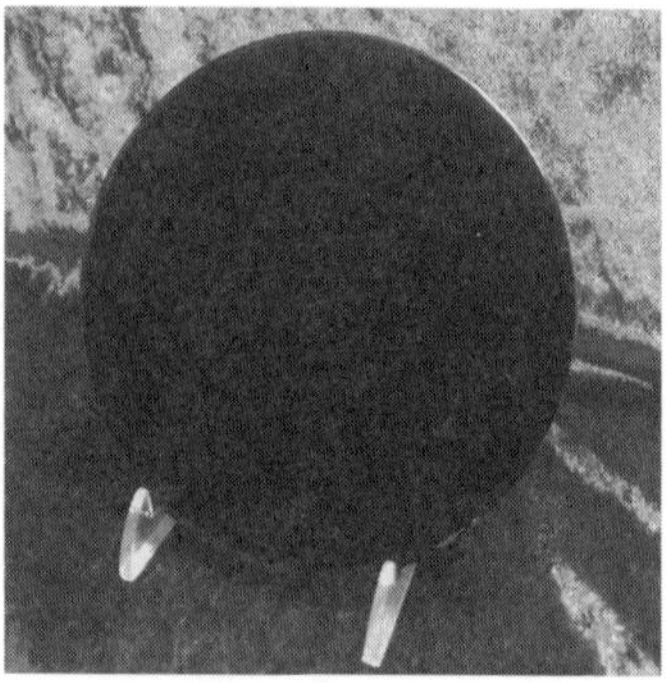
スクライングミラー（画像提供・魔術堂）

とにかく練習したいならば、アクリル板に塗装したスクライングミラーを使うべきかもしれない。このときプレートスタンド（インターネットで買える）も購入しておくべきである。

まずプレートスタンドにスクライングミラーをセットしたら、あとはひたすら何も考えずに、ダークミラーを凝視し続ける。もし雲のようなものが見えたら、まばたきなどをして視野を戻し、ダークミラーを凝視すること。

ダークミラーの表面の凝視を維持し続けていると、ある日、**ダークミラーが終わりなきトンネルのように見えてくる**だろう。この時点であなたはダークミラーの扱いに成功したことになる。

トンネルはやがてあなたが見たこともない風景や人物を映し出す。このときあなたはもしかしたら目を閉じているのにダークミラーが見えるかもしれない。

さらにダークミラーに映像が映っているのを観測するかもしれない。だが、あなたは眠ってしまっているのではない。

目を閉じているだけで、きちんとダークミラーを見つめている。実際に寝てしまったならばダークミラーは見えないだろう。

魔術の杯が対象者をイメージで映し出す場合も

さて、占術に話を戻すと、黒い液体が注がれた杯（カップ）をひたすら覗き込む。そのうち、突然底なしの井戸を覗いているような、または終わりなきトンネルを覗いている気になる。このときあなたは占いたい内容につながったことになる。

見えてくる映像は占術とはまったく関係のない映像、見知らぬ土地、見知らぬ人や風景かもしれない。**占術の目的そのものや、例えば対象者の姿を映し出すかもしれない。**結果を得られたなら、あなたは魔術の杯を覗くのをやめて、見た映像の分析をすべきである。

仮に「私の意図は対象者Aの弱点を知ることだ」として占ったとする。このときに壊れた腕時計が見えたとする。あなたは「壊れた腕時計が何を意味するのか」を熟考しなければならない。

熟考した結果、壊れた腕時計は生活リズムの乱れを意味しているとしたら、対象者Aの弱点は生活のリズムの乱れだということになる。また壊れた腕時計は時間管理ができていないことを意味するなら、対象者Aの弱点は時間管理ができないこととなる。心臓が見えたならば、対象者Aの弱点は心臓に何かしらの問題を抱えていることだと解釈できるだろう。

この占術で重要なのは、映像を見ることと、それをどう解釈するかである。あなたは**占術専用のノートを用意して、見た映像を記録すべき**である。

解釈が正しいかどうかは実際に結果を見て答えを得るしかない。この答えを知るのに何年もかかる場合もある。

もう一つの占術の方法に、例えば「対象者Aが浮気しているか」を占うのに、性的オーガズムの瞬間に集中し、興奮が冷めていく中で目を閉じ、「何を思い浮かべるか」「何が見えたか」を調べるという方法もある。

この方法を確実に行いたいならば、占う内容を印形化して性的オーガズムの瞬間に集中し、そこから発生する一切合切を覚えておくことである。見えたものがズバリ答えかもしれない。多くの場合、後に分析する必要がある映像である。

偶然の一致を多く発見すれば、占術の的中率は上がる

私は占術を重視していない。理由はリアルとは移ろいやすいからである。確かに絶対的な現象は数多く存在する（例えば地球上で働く重力）が、絶対的なことを占う人はいないだろう。

例えば「太陽は1週間後、西に沈みますか」や「会社を1ヶ月無断で休んだら解雇されますか?」等々、わかりきっていることを占う人はいない。人間はわからない未来に怯えるから占うのだし、知らない情報を密かに知るために占いを行うのだ。

しかし未来は決定していないことが多い。人間が絡んでくればなおさらである。

自分の態度と相手の気分で、人間関係が泥沼になることはいくらでもある。それを事前に当てられるなら、競輪、競馬、競艇などのギャンブルの結果を全て的中できてもよいはずだ。

全てが運命論（生まれてから死ぬまで一切の運命が決まっているとする論）のように決定しているならば、占術は必要ないだろう。それなのに、運命論に結び付けて悪徳な商法を行う占い師が多いようだ。

日本だけでよいので、「占い産業は年間一体どれぐらい稼いでいるか?」と、「どれぐらい的中していないか?」を考えれば、私たちの未来を占うことは難しいと気が付くだろう。もしあなたが占術を極めたいならば、まず精神の編集者が日常生活で様々な妨害をしていることを実体験しておくべきだろう。

ときに人は、空気を読んで相手の言いたいことを事前に理解できたりするだろう。ときには何かが起きる前に起きることを把握していることもある。

しかし「偶然」という言葉や、「やっぱりそうだと思った」と言うことで、これらの現象を片付けてしまう。私は過去に、魔術日記を書き続け、偶然の一致や、起きる前に結果を知っていたことを記録した。それは多い日で1日10回は起きていた。

予想がつくことは全て魔術日記に書き留めておくべきだろう。偶然の一致を多く発見できることで、占術の的中率は上がるだろう。だが、偶然の一致を探しすぎると、誇大妄想を生み出すことになるので注意が必要である。

「占術の答えを得る」という印形を作って暗記し、占いたいことにしばらく集中する。次に「占術の答えを得る」という印形を魔術的意識の中で見つめる。その方法で、答えを得ることができるかもしれない。それが一番簡単な方法かもしれない。

どのような形であなたに答えをもたらすのかはあなたが体験していくべきことである。「私の意図は第4レースで何が来るか?」という印形を使っても、的中できるかもしれない。

コラム　困らないための混沌魔術

拙著『黒の書』から、何度も述べていることがある。それは「あなたは何のために魔術を学ぶのか?」という問いだ。

多くの混沌魔術師志望者を約20年間見てきたが、混沌魔術師になれない者は、おおよそが知識と情報ほしさのために混沌の騎士団に入団したが、基礎訓練で挫折する。あるいは精神的病を抱えている者は、魔術師にも混沌魔術師にもなれない。

さらに基礎訓練を終えている混沌魔術師のソロリスト（団体に無所属のボッチ魔術師）は、洋書の収集に情熱を注ぐ。これも情報という風呂につかりたいだけであろう。

誰もが学ぼうとしない。それが日本の混沌魔術の状況であり、混沌の騎士団も、2019年の運営で大きな変更を行った。教義改革も同じで、アップデートされない団体などただの集いである。啓蒙なき混沌魔術はお気楽な新興宗教（ポップカルト）でしかない。

日本では、**混沌の騎士団しか混沌魔術を学べる機関がない。**混沌の騎士団はポップなカルトではないので、厳しい基礎訓練がある。

私は「入団者全員が、基礎訓練をマスターできるわけがない」と述べている。基礎訓練を終えても「全員がさらなる高みを目指せるわけがない」とも述べた。

では何のために混沌魔術を学ぶか？「困らないために混沌魔術を学ぶ」という動機であってもよい。もちろん生命の神秘と宇宙の謎を知るために混沌魔術を学ぶという方がいてもよい。

しかし私は、困らないようにするために混沌魔術を学ぶことを推奨している。簡単に言えば火事になったとき、困るのはあなただからである。火事にならないための努力はしておくべきだろうし、備えあれば憂いなし、故に火災保険には入っておくべきだろう。火事になった瞬間、嘆いても遅いのである。

人生で困る場面は誰にでもあるだろう。私にもある。しかし私は、混沌魔術で全てを未然に防いでいる。デッドエンドしてから魔術を行うことほど虚しいことはないだろう。最終兵器を魔術にするのも、難しいことである。

溺れる者は藁《わら》をもつかむ、という諺がある通り、溺れたときに藁を掴んでも沈むだけだろう。混沌魔術は困らないようにするために行われるべきである。多くの混沌魔術師が短期間で効果を望むのは必死だからだろう。そんな切羽つまった状態で放たれる力は、余裕があるときに放たれた力とはまったく異なるだろう。

人生はいつ、何が起きるかわからない。２０１７年に私は２０１８年の自分のことなど考えていなかった。しかし２０１８年に私は両コメカミにかさぶたができ、それを剥《は》がしても皮膚の正常な再生ができなかった。

皮膚科を受診したが、「清潔にして塗り薬を塗りましょう」と言われただけだった。混沌の騎士団の団長（大学病院の医師である）がおかしいと思い、大学病院の皮膚科教授医の受診予約を入れてくれた。それで検査した結果、難病である限局性強皮症《げんきょくせいきょうひしょう》と診断された。

さらに２０１７年には、将来私は自分の左手が親指以外曲げられなくなるなどとは思っていなかった。私の左手は親指以外曲がらないのだ。しかし私は困らないように混沌魔術を行っている。

いつか限局性強皮症が進行し、私の脳に達すれば死ぬだろう。それを避けるために私は混沌魔術を行っている。左手に関しても原因不明とされているが、私はすでに回復への魔術を行っている。

さらに私は核間性眼筋麻痺《かくかんせいがんきんまひ》と診断されたが、混沌魔術で回復している。占いでこんなことがわかるなら、その占い師は競馬で万馬券を的中させた方がいいだろう。

いつ何が起きるかわからない混沌とした宇宙で、混沌魔術は困らないようにするために行われるべきである。私は限局性強皮症で左手すら動かないが、困ってはいない。なぜならば、混沌魔術で変化を起こしているからだ。そして私はエンチャントメントで左手の動きを回復させた。

状態は絶えず変化するだろう。私はその変化に対応するために柔軟になり、日々混沌魔術を行使して生きている。

従来の魔術にはこうした思想はない。なぜか？　実は従来の魔術は内面内面と言い続けてきたが、内面に引きこもりリアルを考えていない。私は、内面からリアルへ、インナーからリアルへ、リアルからインナーにつながる方法論を掲げている。なぜならば、「創造は2度以上行われる」からだ。

あなたが夕飯を作ろうと考えて、冷蔵庫のドアを開けたとき、材料が目に留まり、まずインナーで何を作るか決定し、実際にリアルで夕食を作り出す。天才の閃《ひらめ》きですら、インナーで発生してリアルにもたらされる。

混沌魔術は結果からデザインし、インナーである無意識を働かせる。そして無意識が奇跡を起こすか、量子力場が変化を起こす。さらに未だに解明されていない現象が働き、リアルに変化を起こす。それが「創造は2度以上行われる」の意味だ。

ことあるごとに言い続けている。「あなたが変われば世界は変わる」と。ただ私はこの命題を掲げて実行できた混沌魔術師をあまり知らない。

多くはトラブルが起きれば責任転嫁したり、凍結した過去を持ち出して論争をする。それはその本人の弱さを主張しているだけである。

あなたが変われないならば、あなたの世界は変わらない。そのような混沌魔術師は根底からやり直さなければならないだろう。

心が傷つくというが、その心とはどこにあるのだろう?『黒の書』でも述べたが、それはピンセットでつまんで、顕微鏡やカメラで撮影できるものだろうか?

オースティン・オースマン・スペアの言うキア、すなわち私の言うソウルは形もない、色もない、増えも減りもしない。生じたこともなく滅びることもない。老いることも死ぬこともないのだ。

苦しみの原因すらないし、苦しみを知ることもなければ得ることもない。それがキアでありソウルである（本書ではキア＝ソウルとして表記する）。心が穢《けが》れることはないし傷つくこともない。

傷ついているのはあなたのプライドであり、意識なのだから、困っているあなたを癒すには、あなたの傲慢なプライドと意識を変えることである。そうしない限り、デッドエンドの人生を歩むだけであるる。

ソウルは無敵であり汚れなき存在であるから、傷つくことはないのだ。あなたが傷つきましたと認めない限り。

人生の失敗から学んだ人々は、失敗ポイントを繰り返さないために、注意するだろう。常に最善を尽くし、最高の人生を送るために、混沌魔術であなたが望むリアルを創造していくことが、私が提唱する〝困らないための魔術〟である。

誰もが成功者になれるはずだが、従来の方法では無理なことは明白だ。現に「マーフィーの成功法則」、すなわち元祖引き寄せの法則のバイブルは何百万部も売れているが、何百万の成功者が誕生しているわけではない。

引き寄せの法則については、たくさんの本が売られているが、それで成功した人間は少ない。なぜか？　私たちは、それぞれ独自の方法でしか成功することができないからだ。「マーフィーの成功法則」では、マーフィーしか成功していないだろう。

アメリカンドリームを生み出したとされる「カーネギーの成功哲学」も、カーネギーには効果的だろうが、他の人にはほとんど作用などしないだろう。

私たちの無意識は、自分独自の方法で動かさなければならないのだ。成功者を模倣した者が全員成功者になれるならば、社会生活で苦労する人はいないだろう。

私たちはそれぞれが異なっているのだから、高額なセミナーで講習を受けても、それが役立つことはないだろう。微笑むのはセミナーで儲けた者だけなのである。

個々人の異なる部分を洗脳で調教するのが従来の魔術である。少なくとも従来の魔術に人生を幸福にし、サクセスストーリーを歩もうという考え方はない。象徴で遊んでいるだけである。

黄金の夜明け団では「霊的存在に身体を使ったサインをすれば、その霊的存在もサインを送り返す」という思想を信じている。信じているから、その現象が起きるだけである。

千歩譲ってユング心理学の集合的無意識があったとしても、数千人に満たない黄金の夜明け団の魔術師が決めたサインに反応するわけがない。これはアレスター・クロウリーの魔術でも同じである。

アレスター・クロウリーはコロンゾン（注）に憑依された。その状態で弟子に「アイワス［クロウリーの聖なる守護天使］の名前は知っている」などと言えるわけがない。

アレスター・クロウリーの魔術が本当に真実ならば、信じるための努力や夥《おびただ》しい学習などはいらないはずである。本当のことであり唯一無二のものなら、それを信じる努力などいらないのだ。

困らないために混沌魔術を学び、あなたしか歩めないサクセスストーリーを歩むことを私は勧める。人生の主人公はあなたなのである。

あなたの人生、あなたのソウルは、全てあなたに由来している。失敗と不幸ですら、ほとんどあなたに原因があるが、なぜか他人のせいにしたがる人が多い。他人のせいにすること自体、あなたの逃げ道だろう。狂気による殺戮と戦争以外、人生で起こりうる全てはあなたに由来するのだ。

困らないために魔術を日々行使して、虎視眈々《こしたんたん》とチャンスを狙おう。ソウルを柔軟にして常に高みを目指し、アップグレードしていこう。そうすることで、あなたは人生で困ることはなくなるだろう。

内面重視の魔術の時代は終わっている。私たちはインナーからリアルに影響を与え、この人生で多くを体験するようにソウルは渇望《かつぼう》している。そのために混沌魔術を学んでほしい。高尚な理由などいらないのだ。

（注）コロンゾンとはアレスター・クロウリーが召喚し憑依された存在である。混沌魔術では間違えた聖守護天使として考えられ、召喚される。

第7章

啓蒙について学ぶ

啓蒙とは必要な意識状態を作り出すこと

混沌魔術師は啓蒙の儀式を数多く行うべきである。啓蒙というのはあなたにない要素や発想、あなたに必要な意識状態や精神状態を作り出すことである。

啓蒙とはあなたが必要と思う意識の変化を起こす技術であり、146ページで説明したニコチン依存症を悪魔と見立て、破壊することも啓蒙である。多くの啓蒙の儀式は何かしらの原理や属性が力源《りきげん》となるように作られている。

この原理は惑星、4大元素等、西洋魔術ではおおよそお馴染みのことである。ざっくばらんに説明してしまえば、**それぞれの惑星の意味や元素の意味が必要であれば、混沌魔術師はサイキックダウンロードできる**ということである。

「サイキックインストール」は召喚をたとえる言葉として相応《ふさわ》しい。あなた自身をスマホだとしよう。あなたが不自由だったり、何か目的があってアプリをインストールし、そのアプリを使用するのが召喚である。一方、アプリをダウンロードしておけば、その環境に応じてインストールは自動的に始まる。

その環境はあなた自身の環境であって、そこに適応するために啓蒙は行われる、必要な意識の条件や能力のために啓蒙は行われる。

啓蒙の儀式は、あなたの意識にとって必要とされる神や女神を召喚することから始まることが多い。あなたが「多くの人に愛されたい」または「アイドルのようなカリスマ性を発揮したい」場合、金星に対応する神や女神を召喚すればそうできるだろう。

さらに同様の目的の印形を作り、エンチャントすることにより、自分のインナーに変化を起こす。

啓蒙と書くと難しく感じるかもしれない。要は**あらかじめ決定されている結果に対して、意識をプログラミングする行為**である。混沌魔術師はそこに召喚、印形、ときには悪魔として見立て、喚起し、破壊することで目的は達成される。

これは混沌魔術師だけが行っていることではなく、世間一般でよく起きうることである。例えばあなたがバイトを始めたその日、先輩から注意点や仕事の仕方を教わることが多いだろう。月日がたてばあなたは「啓蒙されている」だろうから、バイトで必要なスキル全てを手にしていることになるだろう。小さい子供が成長するのも同じである。

混沌魔術師の場合、儀式等で自分に変化を与えることで、比較的即効の意識の改革を得られる。それだけが一般的な啓蒙との違いである。

富への啓蒙を行えればお金に関する悩みはなくなる（所要時間15～30分）

ここでは「富への啓蒙」について説明したい。まずお金というものはただの象徴でしかない。お金は管理者や経済学者が扱いやすいように単位にしただけである。

そもそもお金がない時代、我々の祖先は物々交換をしていたのだろう。その物々交換は価値と価値の交換であって、提示された品物と同じ価値がある物体が交換されていたのだろう。あるいはそれ以上に価値のあるものと交換されていたかもしれない。

価値基準が釣りあわないときには交換は行われなかっただろう。それがいつの間にか携帯できる、移動できる統一象徴に変化してきた。貨幣制度の誕生である。

貨幣になって初めて人は数字を考え始め、高いとか安いと考え始めたのだろう。それが複雑化し紙幣となった。今、時代はキャッシュレスという電子マネー決済が始まっている。仮想通貨という電子データのみの、法定通貨と異なる通貨まで登場した。

お金の支払いに関してだけなら、カード1枚で支払いは完了する、あなたが働いた報酬は手渡しでない限り、銀行口座に数字として記載される。その数字を引き出せば紙幣となる。

このことから考えて、お金という価値は様々な形になる。それは法定通貨ならば国を超えて両替できる。あなたの105円がアメリカでは1ドルという単位となるが、105円で日本国内で買える品物と1ドルでアメリカで買える品物はまったく違うだろう。

お金は流動的な存在である。お金の精霊は数字に、紙に、金属に、プラスチックのカードに閉じ込められる。だが、それはお金の本質である価値を意味しているのではない。

価値は人によって異なるので、それがあなたにとってどうでもいい物体であっても、ある人からすれば数百万円で買われていくものなのである。

富の啓蒙は私たちの価値の意識に対する新しい閃きであって、お金はただ単に富の象徴にすぎない。富というものは変化しているものである。動産に、金のインゴットに、株に、絵画に、バーチャルマネーに、紙幣に、硬貨に、プラスチックのカードに、預金残高に、為替レートに変化している。

私たちは日常生活の中で、富についてあまり考えないだろう。多くの人が労働して収入を得ているのが現状であり、自分は経営者だという方は少ないだろう。その経営者ですら、富についてはあまり深く考えないだろう。

それは私たちがお金という管理された数字が富だと考えているからである。富が即お金に変化するわけではない。富は価値に変化し、その価値がお金に変化していくのである。

富への啓蒙は一人ではなく数人で行うべきである。それは「価値観の違い」を知るよいチャンスになるかもしれない。

富や価値を司る惑星は木星であり、その対応色は青である。**青い袋を用意して、富のシンボルであるお財布、貯金通帳、クレジットカード、スマホ（スマホで決算している場合）を袋の中に入れ、袋を閉じる。**

参加者はそれぞれが瞑想する。または代表者がゆっくり朗読する。

「お金とは価値を管理するために数を付けられたにすぎない。数えるために数字を与えられたにすぎない。しかしなぜ私が理解できないコレクションに、数十万円もの価値がつくのだろう？

お金とは不思議な性質を持つ。それは本来目に見えない価値である。紙幣も、クレジットカードも、硬貨も、為替も富ではない。富は束縛され、私たちのもとにいやいや訪れてくる。時給や月給は富が束縛され、お金の精霊が死んでしまっている状態である。今こそお金の精霊を蘇らせ、富への意識改革を行う」

この瞑想または朗読が終わったら、参加者は袋を次の人に回す。このとき参加者は楽しみながら魔術的なトランス状態になるまで袋を手渡し続け、この呪文を唱える。

「私はお金が大好きだ。お金も私が大好きだ」

呪文で魔術的なトランス状態になると、呪文にアレンジが加わるかもしれない。

「お金が大好き。お金も大好き」

楽しさの中で、魔術意識に到達したら、袋をパスする（回す）ことをやめ、呪文を唱えるのもやめて、中に入れた物体をそれぞれが取り出す。そうすることで富への啓蒙を終了する。啓蒙が確かなことを日々確認していく。

そうすることで、あなたはもう価値観が異なるし、**富とお金に関して意識が新しくプログラミングされている。**だから支払うとき、お金に対して「いってらっしゃい」と心の中でつぶやけばよい。またおつりをもらったときは「おかえり」と心の中でつぶやくことを始める。

ときには寛大にも100円くらいのおつりであるなら「おつりはいりません」と言うかもしれない。いずれにしても価値観は変化し、あなたには億万長者になるアイデアが閃くときが来るかもしれない。だから、お金に関して柔軟であるべきだ。

ただ忘れてはならないことがある。お金は様々なトラブルを起こし、不幸を生む場合もある。それでも万人がほしがる価値がある。

セレブになればセレブの苦労が出てくるだろう。もしかしたら子供が誘拐され、身代金が要求されるかもしれない。

税務署に怯《おび》えなければならない場合もあれば、遺産分配を考えなければならないときもあるだろう。お金がないと適切な医療を受けられず、何かが壊れても修理できない。世間体や義理を伴う冠婚葬祭も十分果たせないだろう。

富への啓蒙を正しく行って、成果があれば、こういった全ての悩みもなくなるだろう。

また、混沌魔術師にとって宗教はただの道具である。多くの宗教に登場する、人間を超越した存在である神や女神には特徴がある。あなたが意識にダウンロードしたい神や女神の特徴を決め、その決めた神や女神に長期間祈り続けることでも、意識の変革は起きるだろう。

ただし第4章でも述べた通り、例えばあなたが愛の啓蒙を行うために愛の女神ヴィーナスに祈るときには、反対の原理であるマーズ神に帰属する全てをタブーとすべきである。

暴力、怒り、憎しみ、競い合うこと等をタブーとすることで、愛への啓蒙は時間がかかるかもしれないが意識にダウンロードされ、改革が始まる。

コラム　混沌とドラゴン

ドラゴンは、西洋文化では勇者に倒される。またはドラゴンの女神が新しい神により討伐されることで、世界を生み出す存在と考えられている。ドラゴンは悪魔が変身した姿とも考えられている。

最近はドラゴンが友好的になっている海外のファンタジー小説があるが、圧倒的多数のドラゴンは討伐対象であり、ユングはドラゴンの神話を心理学的に解釈している。このドラゴンの特徴は翼を持ち、炎を吐き破壊を行うことだ。

しかしアジア圏内では龍は聖なるものとされている。釈迦が悟りを開いたとき、守護したとされる龍は、天候に影響を及ぼしている。

中国思想で龍は神聖な生き物である。もちろん邪悪な龍も存在するが、それは迦楼羅《かるら》により捕食されると考えられている。

ほとんどの龍は神聖であり、幸運を与えるとされている。崇拝対象であり供養の対象となっている。

中国思想は青龍《せいりゅう》を生み出し、神格化している。中国で龍は青龍となり、空海が青龍寺で修行していたとき、空海に密教を学ぶ戒律を求めた。しかし空海は断った。

空海が帰国するときに青龍が出現し、密教を守護することを誓った。青龍は当時の平安京の高雄《たかお》山麓に鎮座し、清龍権現《せいりゅうごんげん》として崇敬されている。

この龍は移動し、醍醐《だいご》寺山頂に姿を現し、密教を守護する存在となった。拝殿は国の重要文化財になっている。密教だけではなく、神社でも龍を祀っているところがある。

西洋のドラゴン崇拝は悪魔崇拝に直結し、東洋の龍は神聖化されている。ドラゴンというファンタジーの生命体は、討伐対象であり邪悪な存在であると同時に、神聖で崇拝される対象である。これは混沌の二つのエネルギー、光と闇を象徴しているように思える。

混沌は常に、自分を証明するために対《つい》になる事象を創造し続けている。ドラゴンは善と悪、聖と邪という二つを示している存在である。

それは私たち日本人にとっては、ゲームで討伐されるキャラクターかもしれない。だが神社仏閣では、神聖視され天井に描かれていたり、建物に彫刻されていたりする。

このドラゴンが人間の歴史に影響しているというミレニアム（１０００年紀）思想であるドラゴンストリーム（ドラゴンの１０００年紀ごとの役割）については『黒の書』で述べているので参考にしてほしい。本書では今のドラゴンストリームについて簡単に説明しておきたい。

時代を生み出すドラゴンストリームの現在は、人間は人間との距離感を気にしているが、デジタル端末で行われる人間関係やコミュニケーションは顔面の近くで行われている。距離は近くなっているわけだ。

初期のドラゴンストリームで失われた狩猟《しゅりょう》（石器時代前後）はネットでの情報検索としてリバイバルしている。多くの人間はデジタルでの速さを意識して、高性能の情報処理速度を求めている。情報化社会では情報戦争が頻繁に行われている。

今のドラゴンストリームは、人間が不便を解決するために快適さを追求した結果として生まれたのは確かである。情報と処理速度とデジタル産業が、今のドラゴンストリームの特徴である。

私は一向に困らないが、多くの方はスマートフォンなしだと不便を感じるだろう。常に2年ごとや数年ごとに処理速度が向上したスマートフォンを求めるだろう。パソコンでも同じことを行うだろう。

私は検索をしないが、多くの人は検索という情報の狩猟を行うだろう。それが簡単だからという理由で、それしかできなくなっているのである。

多くの魔術的な能力は失われつつある。だがインターネットの発達で、情報と体験談があれば、混沌魔術師になれたと錯覚するだろう。

間違えている情報ですら、自分で判断できず、ひたすらに検索し、複数の情報を見比べて判断する。それで満足してしまい、修行しない。または修行しても、途中でリタイアする。それが、今のドラゴンストリームに生きる人間である。

就職でも同じことが言える。ドラゴンストリームは2進法（デジタル文明）を突き進めて今、私たちの生活と人生を作り出している。

第8章

妖術を学ぶ

妖術は物体を使用して変化を起こす（所要時間30分）

「妖術」とは、物体を使用して変化を起こすための方法である。妖術は多くの混沌魔術師がまず学ぶべき体系である。なぜならば、道具を使用する魔術は全てこの妖術の範囲内だからである。

我々の先祖は自分の生活向上のために意図して物体を加工することで、不便さをなくしてきた。我々の先祖はおそらく水場から住居地まで毎度移動するのが面倒だったり、危険に遭遇する確率が高くなるだろうと思い、水を入れる容器を作り出したのだろう。

また水を手ですくって飲むことで貴重な水がこぼれることをなくすために、お椀状のものですくって飲み始めたのだろう。

妖術に必要なのは童心と希望的観測である。物体を使用して、真剣に現実を変化させることである。簡単に言えば、大の大人が真剣におままごとをできるか、ということである。

鎌倉時代の高僧である明恵高弁上人《みょうえこうべんしょうにん》は、求聞持法《ぐもんじほう》という伝説的な修法を行った。これは全ての経文を記憶、理解し、忘れないという修法である。

求聞持法は空海が行ったことで有名だが、明恵高弁上人は月の半分は山に登り、求聞持法を行っていた。一方で木彫りの子犬を真剣にかわいがったり、気に入った島に宛ててラブレターを書いたりしている。

このように童心を取り戻すことが混沌魔術師にとっても必要で、**真剣に「ごっこ」遊びに没頭できるかどうかが妖術の要《かなめ》**となる。正確に言うと、おままごとや「ごっこ」遊びを楽しんで行えるか、が妖術を成功させるコツである。

小さい子供を観察すればわかるが、小さい子供は「なんとかライダーになりたい」「なんたら少女になりたい」と真剣な顔で言うし、実際そうなろうと思っている。またなりきってもいる。しかし成長過程で当然そのようなことはできないとわかる。

妖術の道具も、その持ち主から勝手に消えてしまうことがある。多くが家族が勝手に片づけたか、捨てたからである。もしかしたら仲間があなたの妖術の道具を盗んで使用することがあるかもしれない。それがどのようなでき栄えであっても、そういうことも起きるかもしれない。だから妖術の道具（魔術道具）は厳重に保管すべきだ。

私は多くの魔術道具を第三者によって捨てられたことがある。捨てられたもののリストには護符や物神《ぶっしん》があったし、破壊された像もあった。

こうなることを事前に知っていれば、私はそのような人物を家に入れることはなかっただろう。だが、結果的に捨てられたり、破壊されたのだから仕方がない。

妖術の道具はあなたが確実に管理できるところに保管すべきである。いつ何が起きて妖術の道具が失われるかわからない。そのために**専用の箱を用意して、妖術の道具を保管すべき**だろう。

また魔術に関わる全てを整頓して、あなたが管理できる棚に置いておくのもよいアイデアである。強力に作られた妖術の道具ほど失われるリスクを持っているように思える。「好奇心はネコも殺す」という言葉がある通り、友人がふと妖術の道具を持ち帰るかもしれない。

妖術のエンチャントメント
――呪い殺す妖術と悩みから解放される妖術

「妖術のエンチャントメント」は、まずあなたが変化させたい内容を物体で示すことから始める。よく粘土が用いられるが、折り紙でも問題ない。あなたが変化させたい目的、願望をオブジェのように示せばいいのである。

わかりやすく簡単なのが**憎い相手を呪い殺すこと**だろう。それには相手の爪や髪等を入手して人形を作ることである。その中に相手の爪や髪や煙草の吸殻や相手の一部を封入し、真剣に針や尖ったもので突き刺せばよい。

それからひたすら真剣に呪殺「ごっこ」を始める。あなたは何か樹木を用意して、そこに紐を結び付け、人形を首つりにするかもしれない。

真剣に行う際に重要なのは、物体で作ったものが何を示しているのかをあなた自身が理解していることである。**理解していないと妖術はまったく機能しない**だろう。

もちろんこんな物騒な妖術ではなく、人生で苦悩しないために、工夫して何かオブジェを作ってもよい。金色で塗装された小さな星であってもよい。

その金の星を手にして、「苦悩しないごっこ遊び」に真剣に集中できればよい。そうすれば、その金の星はあなたを悩ませているアクシデントからあなたを守るエンチャントメントになるだろう。

あなたが変化させたい出来事に関して、あなたが納得できる物体があるなら、買ってしまってもかまわない。それが今流行のパワーストーンだとしても、あなたがそれを持ち、あなたの目的と合致しているなら、真剣にごっこに集中すれば効果はあるだろう。

護符もエンチャントメントに区分される。**護符は力を生むバッテリーであり、おまもりとは違う。**護符は健康という力や、勇気を生むバッテリーである。結果の状態を示している道具でもある。

願いごとを叶えるために作るのは護符ではない。護符はあくまでも力の保存容器である。護符に集中することで、あなたはその力を引き出せるのだ。

木材を三角形に加工して赤く塗装したものを、「これは活力を示すものだ」と考えるなら、その人にとって活力を示す立派な護符となる。「創造は2度以上行われる」という原則があるが、それに基づいて、赤い三角形が「活力を示す護符だ」と意識の中で創造すればよい。

物質で創造しているのだから、ややこしい儀式でその護符に力を移動しなくてもよいだろう。**雑念を抑え込み、集中するだけで、その人は護符から活力を得られる**だろう。

あなたが考え抜き、物体で作り出した護符は、あなたが身につけなくても、集中していないときでも、あなたに力を与え続けるだろう。

妖術の召喚とは神や女神になりきること（所要時間30分）

私は海外の混沌魔術師と「コスプレイヤーは妖術の召喚をしているように見えるか」で論じ合ったことがある。初音ミクは世界的にたくさんの信者がいるし、何であっても召喚可能だろうということで合意した。

これはコスプレイヤーだけの話ではない。劇団員や、俳優が演じる役の全てにおいて、妖術の召喚が行われている。

妖術の召喚とは、あなたが召喚したい神や女神になりきることである。102ページの儀式で説明したモリガンの召喚で用意される赤いローブやチェーンメイルは、モリガンのコスプレである。

しかしながらこの妖術召喚をあまり練習したくないと思うのが多くの人の正直な気持ちであろう。仮装を用意するのがめんどくさいとか、恥ずかしいとか、お金がないとか様々な理由を付けて、妖術の召喚を行わない人が多いのである。

もう一つの妖術の召喚は、**その神や女神の像を作ったり、買ったりして、その神像になりきっておままごとを行う**ことである。神像に供物《くもつ》を捧げ、真剣に神像に語りかけ、祈る。神像を買えなければイラストでもいいだろう。そのイラストに向かって供物を捧げ、呼びかける。イラストや神像と自分を合致させることで、召喚を可能にする。

または、劇団員のように神や女神の役を完全に演じられればそれでもよいだろう。その役に没頭することができれば、妖術の召喚はたやすくできる。

この章の冒頭で説明したが、幼い子供はなんとかライダーごっこに集中しているとき、本当にライダーに変身しているのだ。真剣に神や女神の役に没頭して演じることで、あなたは召喚ができるようになるだろう。

そのための小道具をそろえ、その神や女神が神話で語られているときの姿にコスプレすることも重要である。

例えばもしあなたがオーディン（北欧神話の神、72ページ参照）を召喚したいならば、オーディンの槍を作り、片目を閉じ、つばの広い帽子をかぶる。長いひげを付けて、黒いローブを着て、リアルな烏のオブジェを二つ用意する。さらに2匹の狼のオブジェを用意して、椅子に座る。

そうやってオーディンを演じるのだ。熱烈にオーディンを演じ続けることで、オーディンの召喚に成功するだろう。

妖術の占術（所要時間数分～30分）

１６５ページで紹介した通り、魔術の杯に黒い液体を注ぎ、凝視することで、妖術の占術ができるだろう。黒い液体を凝視する代わりに、スクライングミラーを用いてもよい。熟達すれば、水晶球やアクリルでできた黒い鏡でも占術を行うことができる。

占術専用の道具を製作することもできるかもしれない。お金があるならば、本物の頭蓋骨《ずがいこつ》（完全に合法であるもの）を買ってもよい。**その頭蓋骨に対して占いたいことを真剣に話しかけ、答えが返ってくるまで集中**してもよい。

もちろん本物の頭蓋骨でなくても、自分で納得できるならば水晶で精密に作られた頭蓋骨を持って占術に挑んでもよい。占う内容を話しかけ、真剣に集中することで答えを得られるだろう。

その答えはあなたにしか読み解くことができないだろうから、占いの結果を得られたら、あなたは別の日に分析し、読み解くことをしなければならない。

占うための専用の魔術道具を作るのもよいかもしれない。流派を問わず、正しい魔術師は視覚化だけを訓練している。妖術の占いで使用されるのは混沌魔術の基礎訓練の物体集中の応用だ。

例えば妖術の占いの道具として、耳に当てる貝殻を用意して、横たわってもよい。貝殻を耳に当ててメッセージを聞こうとしてもよい。

このとき、雑念は一切シャットダウンする。**心の片隅で占うテーマを思い出し、ひたすら貝殻から聞こえる音に集中する。**

最初はただの空気の音しか聞こえないだろう。しかしある日突然、**空気の音が人の声、何かの音楽、聞いたことのない音に変化する。**または、ずばり占いの答えが聞こえてくるだろう。

この占いは能力を鍛えるのに時間がかかるため、快適な姿勢で行うべきだ。貝殻でなくてもいい。あなたの占いに適した物体を耳に当てることで、できるようになるだろう。

妖術の喚起――物神《ぶっしん》の作り方（所要時間15分）

妖術の喚起でよくあるのが、物神である。これはあなたの目的に合わせて、姿を似せて作られる。

物神に託す任務が仮に「たくさんの魔術的知識を得る」であるならば、その任務を物体で示すような、複合的な動物や人間の姿を粘土や樹脂、木材を用いて作ればよい。「創造は2度以上行われる」のだから、あなたの意識の中にある物神とそっくりに物体で作る必要がある。

買ってしまってもよい。あなたの意識とその販売されているものが瓜二つであり、あなたが納得して購入したならば、それは物神になるだろう。

物神にはあなたの一部が使用される。**血液、性的分泌液、髪の毛、爪、唾液、何でもよい。**

それらを物神に使用すれば完成する。

完成したら、あなたは物神に真剣に話しかけ命令する。携帯し持ち歩いてもよい。

◎妖術による啓蒙――物を使って意識を再プログラミングする

妖術による啓蒙のためには、あなたの**意識に革命を起こす図形やオブジェを作ってもよい。**

仮にあなたが何度も決意しては失敗し続けるダイエットを啓蒙の目的としよう。あなたは物体でその結果を作る。「信念は結果を生み出す」のだから、あなたの痩せたいという信念を物体で作ることで、結果を生み出すだろう。

ダイエットの失敗は、リバウンドや減量の失敗であって、ほとんどの場合、肉体が原因ではない。精神や意識の弱さに由来するように思える。

ダイエットを成功させるために**人形を作り、目標体重を数字で書いてもよい。**写真加工ソフトであなた自身の全身をシャープに加工して、印刷してもよい。

ダイエットの失敗の原因が気持ち（意識）の問題だとわかっているならば、このような物体を作ってその結果を示すことで、意識に革命を起こすことができるだろう。

あなたが日々ダイエットにおける啓蒙を考えているとしよう。途中で物体に追加項目を足すかもしれない。仮に**人形にくびれがほしいと感じたら、人形のウエスト部分を紐で縛ってもよい。**写真を加工できるならば、最初に加工したものを破り捨てて、くびれを作る加工をしてもよい。

忘れてはならないのがダイエットの失敗が意識（美意識の欠如）や精神（すぐにダイエット方法をあきらめる）に由来しているからこそ、**啓蒙で、あなたの意識を再プログラミングする。そのために物を使って示しただけ**である。

結果としてダイエットに成功しただけかもしれない。だが、得られる啓蒙は、美意識の獲得、怠慢の追放という新しい意識状態である。

妖術による啓蒙のために、同じ目的であっても、道具を追加したり、一回作ったものを破壊して新しく作り直してもよい。

第9章

シャーマン魔術を学ぶ

トランス意識を使った「シャーマン魔術」に挑戦（所要時間30分）

魔術とは、流派を問わず、魔術の専門用語やドグマ（教理）や象徴を外してしまえば、シャーマニズムである。黄金の夜明け団が誕生する前、多くの魔術師はひとりでシャーマニズムを実践していただろう。

それ以前の魔術の歴史をさかのぼると、私たちは石器時代や青銅時代には何が魔術として行われていたのかはわからない。古代エジプトでは行われていたかもしれないが、それは神官が行った宗教的儀礼であって魔術ではないだろう。宗教である。

古代文明の全てに魔術の源流があるといわれるが、それは宗教的行為でしかない。シャーマニズムというと、若干語弊があるかもしれないが、魔術のスタート地点は呪術であることは確かである。そこで使用されたのは、妖術の道具と意識の変性状態だと推測される。

アステカ文明の宗教祭事では、マジックマッシュルーム（幻覚作用を起こすキノコ）が使用されたといわれる。ある主張によれば、エレウシスの儀式（注1）ではキュケオン（注2）という幻覚性飲料が用いられたとされている。

何も法を犯して薬物を使うことが混沌魔術ではない。2019年（令和元年）5月の時点で、アヤワスカ（南米やオーストラリアのシャーマンが太古から飲んでいる幻覚剤。詳細は拙著『続・危ない薬』『ドラッグソウル』を参照）が規制されていないからといって、アヤワスカを飲んで混沌魔術をすることが正しいと思わない。

私は多くの薬物を使用したが、「それが魔術的に役立つか？」「混沌魔術はドラッグを使うか？」と問われれば、答えは「いいえ」である。

そもそもお酒は人類学において最古の麻薬（向精神薬）であり、貴重なものだった。それを飲むことでトランス状態になり、我々の先祖が呪術的行為を行ったかもしれない。

しかしお酒を飲んで魔術をすることは薬物を使うのと同じで、全て薬理効果上の結果でしかない。使い始めたら、それなしには何もできなくなるだろう。

我々が行うべきシャーマン魔術（シャーマニズム）とは、トランス意識を使うことである。妖術で作ったただろう道具を使用するかもしれないということである。

トランス意識にも程度がある。深いトランス状態になれば、最初あなたはそのトランス状態に流されるままになり、魔術などできないだろう。これは泳げない人が水泳を習うのと同じだ

（注1）エレウシスの儀式とは、古代ギリシアで行われていた女神デメテルやプロセフォネに関わる儀式である。

（注2）キュケオンとはエレウシスの儀式に使用されたとされる幻覚剤であるが、その幻覚剤が何かはわかっていない。ただのワインかもしれない。

と言える。

水泳はまずは足のつく浅さで練習する。上達すれば足のつかないところで泳ぎ始めるだろう。

シャーマン魔術のトランス状態も同じで、最初は浅いトランス状態で作業する。完全に現実を変化させることができるようになったら深いトランス状態に入ればよい。

そのように魔術意識を使用して、シャーマン魔術を行うべきである。もしトランス状態を訓練するならば、**「自律訓練法」**をお勧めする。とても簡単な方法である。

まず、目を閉じて快適な姿勢になり、横たわる。**「私の右足のつま先はリラックスして、温かくなり、重くなる」と心の中で唱え、右足のつま先に言い聞かせる。**

実際に温かくなり、重くなったら、次は足首、次はふくらはぎ、太もも、左の爪先、左足首、左ふくらはぎ、左太ももと行う。次に腰、腹、胸、右手の指……と繰り返し、全身が温かくなり、リラックスし重くなったと体感するまで続ける。

一番難しいのは顔面と頭皮のリラックスかもしれない。顔面の表情筋は私たちが意識していなくても、社会の中で、対人関係によって作られている。

人格の鎧《よろい》とも言われている顔面の表情筋をリラックスさせることは難しい。同様に行えばわかることだが、頭皮も難しいだろう。

いずれにしても全身が重くなり、リラックスできたとき、そこで何も考えないで流されるまま過ごすことで、トランス状態の始まりとなる。**意味不明な風景、数年前の出来事、音楽のリピートが始まるかもしれない。**トランス状態を解くとき、あなたは必ず意図してトランス状態を解かなければならない。

深呼吸を数回して、大きく背伸びをする。全身の筋肉を使って背伸びをして、トランス状態を解くこと。

この自律訓練法は古典魔術の基礎修行にもなっている。全身をリラックスさせて心を無心にし、解き放てばトランス状態に簡単になれる。安全な方法でもある。

この訓練で寝落ちしてしまうかもしれないが、あきらめずに続けることが重要である。

イメージを使う「シャーマンエンチャントメント」（所要時間30分）

あなたはまずトランス状態にならなければならない。この方法では、半分眠ったり、夢うつつの状態、または訓練したトランス状態を利用することが好ましいからだ。

そのトランス状態の中で、あなたは自分の望みをじかにイメージする。例えば魔術的な情報がほしいならば、トランス状態の中で、あなたはたくさんの魔術の本に囲まれた姿をイメージする。また、**あなたの願望をトランス状態の中で強くイメージするとき、何か象徴（多くは動物）で示すことで効果をより高めることができる。**

もし相手の心を見抜く力がほしいならば、その眼光を得るために**「鷹のイメージ」**を利用するとよい。「鷹のイメージ」を利用して相手をイメージすることで、相手の心理状態を見抜く能力を会得できるだろう。

もし**誰かを呪いたいならば昆虫をイメージして対象者を昆虫だらけにする。**そうすることで、相手を呪うことができるだろう。

この方法では完全に個人の想像力と発想力が鍵を握るので、イメージや象徴には工夫が必要となるだろう。どの動物が何を象徴するかについては、あなた自身がトレーニングして決めればよい。

トランス状態の中でありありと願望をイメージすることが、シャーマンエンチャントメントで必要な技術である。それが寝起き数分前までの寝ぼけた夢うつつのトランス状態でも、利用すべき時間である。チャンス到来の時を無駄にしてはならない。

「シャーマン召喚」は「先祖返り」（所要時間30分）

あなたは家畜動物を避けて、動物の力を召喚するかもしれない。それは「先祖返り」と呼ばれる技法である。人類の先祖である動物の力を借りることから、こう呼ばれる。

まず、どの動物の力を借りるかを決める。

サメの力を借りても、車を購入するための知恵を与えてくれないだろう。クルーザーや、潜水艦を買うなら、もしかしたらサメは力を貸して知恵を授けてくれるかもしれない。

どの動物が何に対応しているかを見定めるのはあなた自身である。例えばネコは聴覚が優れているとあなたが考えるならば、ネコはその聴覚であなたの知らない情報を聞き分けられるかもしれない。そこで、あなたはネコへの先祖返りを行うだろう。

もしあなたが上司のパワハラやセクハラに毎日あっているとする。どうしたらパワハラやセクハラをする上司を撃退できるかを考えたとき、ハリネズミを思い浮かべるかもしれない。丸まると棘《とげ》だらけになるハリネズミから、防御の知恵を得られるかもしれない。

全ての決定権と選択権はあなた自身にある。どの動物が何を示すかは図鑑やインターネットで調べればわかることである。

まずトランス状態になり、**動物の姿をイメージして、自分をその動物の姿の中に溶け込ませる。**難しいならばトランス状態の中で、その動物の真似をしてみるのもよいだろう。

あなたはもしかしたら、先祖返りに必要な動物の妖術媒体となる、その動物の骨を持っているかもしれない。トランス状態の中でその骨に集中して、先祖返りを実行してもいいだろう。

またはトランス状態の中で、動物に捧げる歌を歌ってもいいだろう。逆にトランス状態になるために動物を真似たダンスをしてもいい。

シャーマンが踊り、楽器を演奏するのを真似て、必要な動物に憑依されることで、その力を借りてもよい。

仮にチーターへの先祖返りならば、あなたの肉体は速くは走れないだろうが、トランス状態の中であなたは高速で動き、対象者を捕食するだろう。

ただ、先祖返りをするにはまず、確実にトランス状態になれるようにレッスンしておくべきである。**先祖返りは私たちの精神の奥に眠る力を扱う技術**である。

先ほど例に挙げたネコだが、確かに聴覚が優れているかもしれないが、ネコの眼は小さな光源でも反応する。あなたがそれを発見したならば、ネコへの先祖返りは、発見を意味する召喚になるだろう。

犬の嗅覚は優れている。そこから、あなたはその犬の嗅覚で現実の何に対処できるかを考えなければならない。

ただ、残念ながら恐竜への先祖返りは難しい。私たちの意識の中で、「恐竜は大昔に存在した大型動物だ」程度の認識しかない。先祖返りできたとしても、せいぜいマンモスや大型のネコ科の動物までだろう。

マンモスは大型であることから、潜在意識から借り出せる力はゾウと同じかもしれない。先祖返りでは我々が使用していない潜在意識の力を借りる。それは個々人でまったく違う反応を示す。

ネコよりコウモリの方が聴覚が優れているが、あなたがそれを知らなければ、ネコの聴覚が最大の力となる。ネコの召喚で得られるのはネコの聴覚だろう。それはあなたが求める情報を聞き取るために使用される。

もしかしたらネコを小さな捕食者と考えるならば、対象者の息の根を止める鋭い爪を持っているかもしれない。先祖返りが成されているときに対象者をイメージして、ネコであるあなたは襲いかかるかもしれない。

ヘビでもよいかもしれない。音もなく忍び寄り、咬《か》みつき飲み込む。毒ヘビの毒は強力である。

あなたがハブへの先祖返りによって対象者への魔術攻撃を考えたならば、ハブは毒を噴射することが可能である。その毒が皮膚につけば、そこは速やかに壊死《えし》するだろう。

トランス状態で占いの答えが得られる「シャーマン占術」（所要時間30分）

シャーマン占術ではトランス状態の意識の中で、占いたい内容をそっと思い浮かべるだけである。あとはトランス状態に流されていく。もしかしたら**占いの答えそのものをトランス状態の中で見るか、経験するかもしれない。**あるいは**動物という象徴により、答えが出現するかもしれない。**効果的な方法は、半分寝ている状態、夢うつつの状態の中で、占いの内容に集中すること。その後に見える風景や人物や全てを覚えておくことだ。

十分に訓練したら、数秒間の魔術意識に到達する前に、占う内容に集中する。**魔術意識の瞬間に五感を解き放ち、答えを得ようとする。**

シャーマン占術では経験だけがものを言う。様々なヴィジョンを見て、それが何を意味するのか、を探る。あなたにしかわからないので、そのヴィジョンの答えを得るために数年間かかることもある。あなた自身の方法論にたどり着くまでがんばるしかない。

「シャーマン喚起」でトランス状態にならずに、サーバントに命令できる

まずはサーバント（従者）を作る。そのため、**寝るときにサーバントの姿を視覚化する。視覚化したサーバントに話しかける。**

寝落ちするまで、常にそれをやる。もしあなたが明晰夢（47ページ参照）を起こせるならば、サーバントを明晰夢の中で呼び出せばいいだろう。

しかし明晰夢の後は疲れが残ることが多い。だから寝落ちする瞬間まで、サーバントを視覚化しながら寝落ちする。くれぐれも、ただの話し相手としてサーバントを作るべきではない。何かしらの任務を持たせるべきである。

もしあなたが妖術の中で喚起した存在が物神ならば、トランス状態の中で物神を強く強くイメージし命令するだけでよい。上達してきたら、**必要になったとき物神を強く視覚化して命令するだけでよい**だろう。

寝落ちするまで、姿を決めたサーバントを視覚化する。そうすることで、トランス状態のときにも同じサーバントを扱えるようになるだろう。起床数秒前の状態、目覚まし時計が聞こえるその意識状態の中で、サーバントを視覚化し命令すればよい。

熟達すれば、トランス状態にならなくても、あなたはサーバントを視覚化し命令することができるようになるだろう。トレーニングを重ねたものだけが、そこにたどり着ける。

「シャーマン啓蒙」で潜在意識へのアクセスの扉を開く

ここまで修行してくれれば、どの動物が何を示す象徴か、潜在意識で理解しているだろう。意識の改革を意図したら、まずトランス状態になり、目の前に、修学旅行や、旅先の観光地で見た洞窟を視覚化する。それから、その洞窟の中に入り込む。

ひたすら前進していく。ときに泉があるかもしれない。それはより**深い潜在意識へのアクセスの扉かもしれない**ので、飛び込んでみるべきである。

泉に飛び込んでも息苦しい思いはしないだろう。泉に飛び込んで沈んでも、気が付くと別の洞窟につながっているかもしれない。

ひたすら前進していくことが重要である。そのうちヴィジョンが見えるだろう。それは神々しい動物かもしれない。洞窟の果てに突然現れた砂漠かもしれない。森林かもしれない。

あなたは何をすべきかわかっているはずだ。啓蒙を得るために見える全てを見て、経験できうる全てを経験する。

もしかしたら動物に咬まれるかもしれないが、それが啓蒙に必要なことだとわかるはずである。あなたが求めた啓蒙の結果が動物の姿となり、あなたの中に入り込んでくるかもしれない。

仮に「魔術的弱点の補強」という啓蒙を行ったとする。あなたは洞窟を進み続け、突然開かれた平野にたどり着く、次の瞬間、サイに突進されるかもしれない。サイは何の象徴か？　答えはあなたしか知らない。その後、あなたは白いゾウに遭遇するかもしれない。

全てを経験したら、再び洞窟を視覚化し道を戻ることにする。それからトランス状態を解くために大きく背伸びをする。

第10章

儀式魔術を学ぶ

儀式魔術は「妖術＋シャーマン魔術」

儀式魔術は妖術にシャーマン魔術を足す原理でできている。儀式魔術に必要な道具は妖術で作るし、トランス状態から魔術意識（１０１ページ参照）に至るプロセスはシャーマン魔術を取り上げた第９章で学習しただろう。

儀式魔術に必要なものは呪文や視覚化した姿であったり、身振り手振りや象徴であったりする。これら必要な能力は全て妖術やシャーマン魔術で学んできたはずだ。

また多くの現存する魔術体系は、儀式魔術を学ぶことから始める。ほとんどの魔術体系は視覚化に依存することで成立している。儀式魔術は実際に視覚化を最大限に利用して、魔術意識を使用している。混沌魔術ですら多くの儀式は視覚化に依存しきっている。視覚化なしに儀式は成立しない状況である。

多くの象徴を使用することが儀式魔術の特徴である。象徴的な行為を行うことも儀式魔術に区分される。

魔女宗が言うような、薬草に恋愛成就の効果があるかどうかは、その体系の象徴主義を学んでいなければわからない。しかし残念ながら、実際には効果はないだろう。

黄金の夜明け団の魔術も同じであり、カバラ（ユダヤ教の聖典の口伝、またはここで言うカバラはマジカルカバラといい、黄金の夜明け団が独自に作り上げた思想）にちりばめられた象徴の意味を理解しないと実行できないだろう。万物対応（注）を把握していなければ、儀式はできないだろう。

あなたはシャーマン魔術の中で、個人的な象徴を使って作業してきたかもしれない。その象徴をこの儀式魔術でも使用すれば、あなただけの儀式魔術となるし、あなただけの万物対応を使用することになるだろう。それで問題ない。

視覚化した相手に印形や呪文を発射する「儀式のエンチャントメント」（所要時間5分）

印形や呪文を作り、杖を持って魔術意識の中で印形を視覚化し、杖を向ける。または魔術意識の中で杖を持ち上げて呪文を詠唱する。そうすることで、儀式魔術のエンチャントメントは相手に働きかける。

儀式魔術のエンチャントメントは視覚化し、杖（妖術過程で製作しているだろう）で印形を宙に

（注）万物対応とは、決められたルールにより森羅万象全てを紐づけすることである。

書き、魔術意識の中で集中することが必要だ。また、呪文を詠唱するときには、杖を持って詠唱する必要がある。

魔法の話に類似するかもしれないが、杖一振りで現実に変化を起こすことも、熟達すれば可能になる。実際、魔術意識の中で、印形、呪文、杖を持って集中することで、変化を起こせる。

儀式魔術に必要なのは、魔術意識の中で集中することである。杖を振り下ろしたり、杖を宙に突き出すとき、印形を使うなら印形を強く視覚化し、魔術意識になっていなければならない。

呪文なら魔術意識の中で思い出すだろうが、**実際に真剣に叫び、杖を振り下ろすことが重要**である。もし誰かをヒーリングすると決めたら、ヒーリングの印形や呪文を作り出せばよい。魔術意識の中でヒーリングする人間を視覚化し、印形や呪文を視覚化し、相手に発射するように杖を振り下ろせばよい。

距離が離れた対象者に魔術的な攻撃をしたいならば、魔術意識の中で、印形や呪文を事前に作っておくこと。対象者を視覚化し、対象者に向かって杖を振りかざして、印形や呪文を発射すればよい。

「儀式魔術の召喚」では、あなたという肉体の神殿を明け渡す（所要時間30分）

儀式を作ったり、実際に作られた儀式を行う場合に必要なのは何か。第4章で説明した通り、**魔術意識の中で、召喚する神や女神と自分を合致させて視覚化し続ける**ことである。もしあなたが儀式を作るならば起承転結に基づいた儀式を作るべきだろう。

召喚とはその神や女神の力を振るうために、あなたという肉体の神殿を明け渡すことである。その代償として、知恵なり魔術的な力を行使する。

妖術で召喚した神を儀式魔術の召喚でも扱ってみるのが一番簡単な方法かもしれない。あなたは真剣におままごとに徹し、対象の神や女神に扮することで、その神や女神の性質をよく研究できるだろう。

儀式化するのは簡単だろう。初めて作った儀式が完璧なでき栄えになることはない。儀式を多く作り経験を積めば、完璧だと思える儀式を遠い将来作れるかもしれない。

そのために、召喚したい神や女神に対して真剣に召喚に応えるように呼びかける。そうすることで、自分と対象の神や女神を合致させる。この神や女神の姿を視覚化し、自分と合致させることを**「ゴッドフォーム」**という。

『無の書』の混沌のミサ、バフォメットの召喚は、短い祈りの文「我は第一のアイオンにて……」から始まり、1分で唱え終えられる文である。ゴッドフォームでは、**自分とバフォメットを合致させることと、魔術意識の中で祈りの文を唱えることで、召喚を成立させる。**

様々な儀式が書物で紹介されているが、**必要なのは魔術意識とゴッドフォームだけ**である。ここで紹介する儀式は都市伝説を儀式化したものである。その効果は魔術的な攻撃に特化している。

◎7人ミサキと同一化する（所要時間30分）

殺意を宿す道具として、包丁等が用いられる。消灯する。法螺《ほら》貝が立てられる。犠牲にしてよいクッション、枕、布団の簀《す》巻《ま》きを用意する。そこには相手の名前や写真を貼る。

魔術師は座って瞑想する。**この世のありとあらゆる不満と不条理、そして殺意を思って瞑想する。**

湧き上がる殺意のエントロピーの中で、絶叫する。おそらくそれは発狂に近い。絶叫する。断末魔の叫びのように。そして意志を宣誓する。

「これぞ我が意志、死は軍団である。七人同行《どうこう》、7人ミサキを召喚し新しい者を軍団に追加させることだ！」

そして祈り始める（7人ミサキは高知県等で信じられている怨霊、また都市伝説で信じられている存在）。

「ひとつ道玄坂《どうげんざか》より来たれ！
ふたつスペイン坂より来たれ！
みっつオルガン坂より来たれ！
よっつ八幡《はちまん》坂より来たれ！
いつつ間坂《まさか》より来たれ！
むっつ宮益坂《みやますざか》より来たれ！
ななつ金王坂《こんのうざか》より来たれ！（↘）

木火土金水日月《もっかどごんすいにちがち》
魂緒《たまお》の星《ほし》の天上の犬は駆り立てる。
魂緒の星の鬼は7つの死を呼ぶ。
魂緒の星の積尸気《ししき》はここに集う。（↖）

海のみさきよ！
山のみさきよ！
川のみさきよ！
沼のみさきよ！
森のみさきよ！
湖のみさきよ！
都市のみさきよ！
我は神歌《かみうた》を献上せん（↘）かこめ・かこめ
かこめのなかのとりいは
いついつ出やる
夜明けと晩に
陰と陽が滑った
丑寅《うしとら》正面誰？」
祈り終えた瞬間、あなたは7人の女性の恐ろしい姿を視覚化する。それから、あなた自身と合致させ、恐怖の感情を高め、7人ミサキと同一化する。そしてクッションや枕を包丁でめった刺しにする。

あなたは7人ミサキなのだから、何をするかわからないほど憑依が深い場合、記憶すら残らないだろう。

気が付くとあなたは恐怖と死の力で満ちている。そこで直ちに大笑いをして、自分の中に残留する死の力を中和させるため、性的な行為をするかもしれない。

この方法で、考えられる全ては召喚可能である。都市伝説レベルのもの（例えば口裂け女や妖怪）であっても召喚できる。

象徴を使って占い、召喚した神からお告げを聞く「儀式魔術占術」

儀式魔術での占術は、主に象徴を使った占いか、儀式魔術で召喚した神からお告げを聞くか、のどちらかになるだろう。儀式魔術で召喚した神のお告げを聞くのは非常に難しいだろう。それに、古代から行われている神のお告げの源流は象徴的な占いになるだろう。

現代は様々な象徴が販売されている。タロット、ルーン、易（魔術堂で買える）は儀式魔術の占いに適している象徴的な占い手段である。だが、生まれた生年月日時間で判断する占いは魔術的な占いではない。

タロットやルーンに関しては、専門的な書籍が多数存在する。ただ注意すべきなのは占うとき、魔術師は占う内容を決めてからタロットやルーンをかき回し、数枚や数個取り、並べて未来を占うということだ。占いはアドバイスでもカウンセリングでもないので、

「今日は何を着たらラッキーに過ごせますか？」

のように聞く占いはよくない。何を着たらラッキーかを決めるのはあなただ。ラッキーカラーですら、あなたが決めるべきだ。それは妖術やシャーマン魔術で学んでいることだと思う。

一度決めた占い道具で占うことが望ましい。あれもこれもといろいろと手を出し、浅く学ぶべきではない。

占うのはとても難しいことだとわかるだろう。なぜならこの混沌とした世界で、チョウの集団がどこかで羽ばたき、それが台風のもとになるかもしれないという。何が起きるか予測することが難しい世界に私たちは生きているからだ。

人の考えていることを的中させるのは難しい。それでも魔術師は人の考えを読み取ろうとする。数ヶ月先に起こるかもしれないアクシデントを占おうとする。

そのために妖術やシャーマン魔術で鍛えた占いの能力で、象徴（タロットやルーンや易）を使って占うことでアクシデントを察知する。その上で何らかの手段を講じようとする。

もしあなたが妖術とシャーマン魔術で自分だけの象徴体系を作り上げることに成功したら、その象徴（それが1枚の印形であっても）に集中し、魔術意識の中で、答えを得ることができるだろう。あなたがタロットカードを全てシンプルな印形にデザインして、その印形を使ってタロットのように占うこともできるだろう。

「儀式魔術の喚起」で新しいサーバントを作る（所要時間15分）

妖術で作ったサーバント（従者）を使うために、サーバントを呼び出す儀式を作るか。あるいは新しいサーバントを儀式魔術で作って、呼び出すか。あなたはそのどちらかを行うだろう。

すでに存在しているサーバントを呼び出す場合、儀式をして、サーバントの物理基盤の上に存在を呼び出すだろう。それは魔術意識の中で、物理基盤に集中することで行うことができる。

新しいサーバントを儀式魔術で作りたいなら、サーバントの印形を書いて姿を決めればよい。その上であなたとサーバントに何かしらの紐づけをするために、一滴の血液、性的分泌液を物理基盤に塗る。大量に塗る必要はない。

そしてサーバントに名前を与える。どのような名前でも問題はない。あなたが付けた名前であればよい。

全ての準備ができたら、儀式を始める。準備には、あなたが必要だと思う象徴や品物（インセンスや魔法円やなんでも）をそろえる。

「我が創造物を現象化する、実体化する
我が心の息とともに、我は汝に生命を与える
この姿に（このとき、あなたは物理基盤の上に姿を視覚化しなければならない）
我は汝に生命を与える。この一滴の血により（性的分泌液なら「性的分泌液により」と言い換える）
我は汝を我の意志に縛り付けん。我が創造せしサーバントよ。我は汝を〇〇〇と名付ける
（事前に決めてある名前を唱える）
この名により我の呼び出しに必ず答えよ
なぜなら汝は我のサーバントなり
我はそなたの神。我に仕えよ
我は命とともに褒美を与えん
いま、汝に命令を下す
この言葉により
OD FISIS NANAEL（オド　フィスイス　ナナエル）
（魔術的意識になり、視覚化した姿に集中する）
直ちに我が目的果たせ！」

喚起が終わった後、物理基盤は保管し、退去儀式を行う。

もしあなたが中世の誰かが作った悪魔を呼び出したいならば、ＧＯＥＴＩＡを読んで呼び出し、命令したい悪魔を見つければよい。

その紋章を書いて、例えばアスモデウス（ＧＯＥＴＩＡで紹介される王クラスの悪魔）を呼び、呪文を作る。それからアスモデウスの紋章を前にして、ＧＯＥＴＩＡに書かれたアスモデウスの姿を視覚化する。その際も作った呪文を唱え続ける。そうすることで、魔術意識になればよい。

あなたの願望に直結している紙や悪魔を呼び出せばいいのであって、いちいち呼び出した悪魔に命令する必要はない。しかし、もし呼び出した悪魔が不服従であるなら、あなたは、その悪魔を脅迫し、従わせなければならない。

何度も言うが、悪魔が呼び出された時点で、本来の目的は達成されている。あなたの願望でチョイスした悪魔なのだから、命令することは呼び出すことに含まれている。

しかし、あなたが「悪魔は呼び出しても従わないだろう」と信じているならば、その通りのことが起きる。したがってあなたは悪魔を脅迫するために、**先の尖ったもので悪魔の紋章を突き刺すと悪魔に向かい宣言すればよい。**

実際に紋章を突き刺そうとするが、悪魔が用意周到で従わないことが想定内だったとしよう。そのときは、事前に用意したスティックインセンス（魔術堂で買える）に着火し、ちょうど灰が悪魔の紋章に落ちるようにしておけばよい。

スティックインセンスが燃えていく中で、火種が悪魔の紋章に落ちるという脅迫行為をして、悪魔に命令に絶対服従させればよい。悪魔が不服従であれば、耐熱皿に悪魔の紋章を置いて、その上で線香花火に着火して悪魔を脅してもよい。

伝統的な悪魔はこのような脅迫に弱い。だが実際そこまでして悪魔を脅迫して命令を聞かせるより、自分でサーバントを作り出した方がはるかに効果的だし、時間の節約になるだろう。

またＧＯＥＴＩＡの悪魔の紋章に、自分の願望の印を付け足しておくのもよい方法である。

ケイオスフィアに呪文を唱え、印形を描く「儀式魔術の啓蒙」

「ケイオスフィア」とは、混沌がこのリアルに出現するための力の道具であり「信念は結果を作る」という言葉を証明する。ケイオスフィア（混沌の騎士団で買える）を作ることで、あなたは儀式的な啓蒙を開始する。

あなたはケイオスフィアの下で啓蒙の意図を宣言する。そして、どのような意識に変化したいか決まったら、その目的の呪文をケイオスフィアに向かって唱える。あるいは印形をケイオスフィアに描いて魔術意識になる。

別の方法として、変化したい意識の印形を作り、あなたが信じる神や女神を儀式的に召喚して、印形を神や女神に祝福してもらってもよい。その印形を視覚化し、杖を向けて魔術意識になる。

また231ページで紹介したように、悪魔と見立てた印形を作って悪魔を呼び出し、その悪魔と対峙してもよい。**呪文や印形を作り出して活性化し、あなたが行いたい変容の儀式を自分で作り出して行うことが最も効果的**だと言えよう。

第11章

アストラル魔術を学ぶ

自分の意識を別の自分に移動させる「アストラル魔術」（所要時間30分以上）

アストラルという特殊なリアル。それはバーチャルかもしれないし、非現実というノンリアルかもしれない。リアルとは何かに関係する領域の問題であり、有名なのが幽体離脱（アストラル・プロジェクション）である。

幽体離脱とは、体験者が肉体から離れ、別の身体（アストラル体）に意識が移行して、自分の肉体を見下ろしたという経験である。熟達した魔術師であれば、意図して自分の肉体からアストラル体に意識を移動できる。

アストラル体の作業と、明晰夢は異なる。だが、似たような体験をすることは確かだ。

明晰夢とは、夢の中で好きな場所に移動して、その移動した場所が現実と整合性が取れているような体験をしたり、夢の中で遠い親戚の家を訪れ、後で確認したら夢で見た通り親戚が行動していた等々の体験をするような夢である。

だが、これは夢が引き金となって、夢を使って移動したり行動したりするだけである。アストラルの魔術の入り口にはなるかもしれないが、夢を見ないとできないならば、アストラル魔術ではない。

明晰夢を修行してきたあなたなら、アストラル魔術と異なるところがわかるようになるだろう。アストラル魔術は「寝ていないし、夢ではない」と認識して行うものである。

まずアストラル魔術の要であるアストラルでの作業は、あなたがアストラル体に五感を移動することから訓練しなければならない。

まず邪魔されない時間帯を確保する。家族からの急な呼びかけ、携帯電話、近所の雑音ですら邪魔となる。すべてを排除し修行しなければならない。そして何よりも「明晰夢ではない」ので寝落ちしてはいけない。

目を閉じて、**眼の前に自分の背中を視覚化**する。それはあなたから見て、あなたのアストラル身体である。強く視覚化し続け、**自分の意識をその視覚化した自分の姿に移動させればよい。**

その視覚化した姿に吸引されている感覚を続ける。強力に視覚化した身体に吸引されたあなたは、もしかしたら上昇感を得るかもしれない。

その吸引されている感覚を続けることで、視覚化した自分の姿に意識が移るだろう。ときに金縛りを引き起こすかもしれない。気が付いたら視覚化した身体であるアストラル体に意識が移動しているかもしれない。

アストラル体に意識を移動できたとき、横たわっている自分の身体を見るべきではない。それは人によって衝撃的な経験となり、アストラルの知覚を衝撃と恐怖で破壊してしまうかもしれない。

まずすべきことは浮くことをやめて、**自分で自分のアストラル体の手を握りしめて、アストラル体での感覚を掴むこと**だ。

次に足が床についているだろうから、足踏みをしてアストラル体できちんと五感があるか確かめてみるべきである。壁に触ったり、光源があるならばその光源を見つめ、明るさが正確かを確かめてみるべきである。

ちなみに**幽体離脱できたからといって霊視能力が芽生えることはない**。

アストラル空間に印形を描く「アストラル魔術のエンチャントメント」（所要時間30分以上）

ここからは、アストラル体に意識が移動できたとして、話を続ける。

まず、事前に用意してある印形を使用して、**アストラル体で印形を空中に描く**。そうすると通常通りの魔術意識になり、印形を活性化できる。

もっともこの状態では、事前に用意した印形を活性化するため、アストラル体で魔術意識になることは簡単にできる。なぜならばアストラル体に意識が移動していること自体がトランス状態に近いからだ。

またアストラルの空間に印形を描くとき、あなたは独特な色を用いるかもしれない。その独特な色は**「オクタリン・ファイア」**と呼ばれる。あなたの潜在意識の中に眠っているあなただけの色彩である。

そのオクタリン・ファイアは、魔術師のキャリアを積めば次第に変化していくので、一定不変な色彩ではない。私の場合、若い頃は光の色（プリズムで屈折した虹色）であったが、近年それは青く輝く稲光のような色となった。

このオクタリン・ファイアの色彩を用いて、アストラルの空間に印形を描くことが、とても重要である。もしあなたが杖を使ってエンチャントメントをしたいならば、あなたは杖をリアルと寸分たがわず視覚化できなければならない。

アストラル魔術の困難さは、リアルと変わらない視覚や五感の再現能力を得ることにある。壁のしみまで再現しなければならない。

またよく言われる**「アストラルテンプル」**（アストラル体で視覚化して作り上げる神殿）の創造だが、これも視覚化技術の匠《たくみ》の技としか言えない。**あなたが作業するアストラルテンプルをあなたが視覚化して構築しなければならない。**

アストラルテンプルがどのようなものであれ、妥協は許されない。そもそもアストラル体でなぜ活動できるのか？　あなたの視覚化能力で脳が騙され、それがリアルだと信じているからだ。

ゆえにあなたの脳を騙せるくらい正確な視覚化と再現能力とのめり込みが必要となる。エンチャントメントも同じで、あなたがどれだけ日常に近い方法でエンチャントメントを再現し、経験できるかどうかにかかってくるだろう。

動物の姿を視覚化し、アストラル体と合致させる「アストラル魔術の召喚」（所要時間30分以上）

「黄金の夜明け団」で学んだ魔術師たちがはまった遊びは、アストラルワールドで神や女神または大天使とコンタクトすることであったようだ。いろいろな方法で伝えられているが、もし黄金の夜明け団の魔術師たちが正しいのならば（事実正しいだろう）、アストラルワールドでは個人の世界観が反映される。

黄金の夜明け団の魔術師たちがアストラルワールドで出会った存在に、自分たちの団で決められたサイン（身体を使った合図）を送ると、そのアストラルワールドの存在たちも団で決められているサインで返答したと言っている。それが正しいなら、残念ながら、アストラルワールドはユング心理学で考えるような集合的無意識ではないことがわかる実例となってしまう。

もし集合的無意識がアストラルワールドであり、存在たちが集合的無意識の元型《げんけい》であるならば、たかが数十人しか存在しなかった黄金の夜明け団の魔術師が考えたサインで返答が来るわけがない。

あなたが行うべきアストラル魔術の召喚は、先祖返りである。それはあっけないほど簡単である。あなたは**アストラル体で目の前に動物の姿を視覚化し、アストラル体と動物の姿を合致させればよい。**

「キマイラ」とも呼ばれるアストラルの召喚方法は、このアストラル体から視覚化した動物に乗り移ることである。そうすることで、あなたは動物の力を得られるようになる。

だが、これにある程度慣れたならば、召喚したい神や女神に対して、アストラル体で儀式をして、**ゴッドフォーム**（神や女神の姿を視覚化し、自分と合致させること）を行い、自分と合致させるべきである。

通常の魔術での召喚よりアストラル体での召喚の方が、強力な経験をもたらすことがある。それにアストラル体で行われた召喚は憑依が強烈になる。

アストラルの魔術を終え、退去儀式をアストラルで行い、現実世界に戻っても、その召喚の経験が強烈に意識に焼きついていることがあるのだ。

これは特別なことではないので、間違っても神の啓示を受けたなどといって布教活動をしてはならない。

アストラルワールドでサーバントを使う「アストラル魔術の喚起」（それぞれ所要時間30分以上）

儀式魔術で扱われるサーバントや精霊は、普段アストラルワールドに存在している。混沌魔術師は通常の喚起魔術において「我が命令と呼びかけがあるまで、アストラルにて待機せよ」とサーバントに命令しているからだ。

サーバントは、

1、魔術的攻撃と防御の役目
2、占術を助ける役目
3、エンチャントメントを助ける役目
4、啓蒙を助ける役目

この4任務を受け持つ4体のサーバントを作り出すことが、混沌の魔術結社「イルミネーション・オブ・サナテエロス」（ＩＯＴ）では推奨されていた。

一つめの「魔術的攻撃と防御の役目」を持つサーバントだが、なぜか世界中で魔術師同士は仲良くできないように思える。だから精神衛生上、「自分が魔術的攻撃のターゲットになっても、魔術的防御のサーバントが存在するのだから、魔術的な攻撃は無効になるだろう」と安心できるくらいの問題でしかない。

二つ目の「占術を助ける」役目は重要かもしれない。そもそも占術を的中させること自体が難しいのだから。3つ目の「エンチャントメントを手助けする」サーバントは、エンチャントメントの確率を向上させるだろうし、エンチャントメントの効果を上げるのに役立つかもしれない。

4つ目の「啓蒙を助ける」サーバントは、ある意味で重要である。4番目のサーバントの任務は意識の革命、すなわち意識のメタプログラミングを司る。そうすることで、あなたの意識革命をサポートする。

ただし、それは聖なる存在ではない。あくまでもあなたのサーバント（従者）である。だから、あなたに従うべき存在の意見に耳を傾けてはならない。

アストラルの喚起はその人の才覚に依存する。アストラル体であなたが作ったかもしれないアストラルテンプルで、あなたはサーバントを呼び出す言葉を唱える。そうやってサーバントの印形をオクタリン・ファイアで視覚化する。

サーバントは今までの魔術より生き生きと見えるだろう。しかし何度でも注意しなければならない。アストラルでの体験は強烈に意識に残りやすいからだ。

サーバントが勝手にあなたの命令を無視して動き出したら、直ちにサーバントを破壊すべきである。アストラルは現実逃避の場ではない。ヴァーチャルな体験がリアルを侵食し始めたら、あなたの精神状態は限りなく危険な状態になってしまう。

GOETIAに紹介されている悪魔も、アストラルで呼び出せるだろう。あなたが正確に紋章を暗記しているなら。紋章を前にして、悪魔を呼べばよい。

ここでロマンを破壊しておく。アストラル界の住人であるGOETIAの悪魔やサーバントが、アストラル魔術で現実世界に呼び出されても、パワーアップはしない。パワーアップしたと感じるとしたら、アストラルでの経験は、現実に比べると強烈だと感じられるからである。

強烈な体験が強力な効果に直結するわけではない。そして、ここでも完全に視覚化してサーバントや悪魔の印形を再現できない限り、喚起魔術は成立しないだろう。

アストラル魔術の占術
——魔術の杯に映った映像が占いの答え（所要時間30分）

もしタロットカードで占いたいなら、**アストラルでそのタロットカードをリアルと寸分たがわず再現できなければならない。**ルーン文字でも同じことで、あなたが普段リアルで使っていたルーンが木片に刻まれていたならば、その木目までアストラルで再現できなければ占うことはできない。

これはどの魔術のアストラルの占いでも言えることである。あなたがリアルで使用した道具とまったく同じものが、アストラルの中で再現できなければならない。

再現がおろそかであれば、私たちの精神の編集者は、直ちにあなたのアストラル身体を肉体に戻すだろう。そして、あなたのアストラル魔術は「あなたが作り出した妄想」と判断するだろう。

その結果、アストラル身体にあなたが移動できないようにあなたをがんじがらめにするだろう。その上で、アストラルを否定し、ひいては魔術自体の否定を始めるだろう。

もしタロットカードやルーンという象徴的な道具に頼らないでアストラルの占いを行いたいなら、**アストラルの中で魔術の杯を用意しよう。そして中に黒い液体を注ぐのがよいだろう。**

それからあなたは魔術の杯を凝視し、心の片隅に占いたい内容を置いておく。

すると、直ちに魔術の杯には何かの映像が映り始めるだろう。**その映像が占いの答え**である。肉体に戻ったときに、見た内容を分析して、その映像が何を意味するのかを考えなければならない。

アストラルの占いも、とても強烈な体験になるだろう。普段、リアルで占っている方法が、まるで子供の遊びであるように感じられるかもしれない。

またアストラルの占いで遠い未来を占いたいと思うようになるかもしれない。だが、忘れてはならない。天気予報と同じで、1年後の天気等は誰にもわからない。

アストラルの中でも同じことで、1ヶ月先のことですらわからないだろう。

アストラルの中で儀式魔術の啓蒙を行う「アストラル啓蒙」（所要時間30分以上）

アストラルの啓蒙は、アストラルの中で儀式魔術の啓蒙を行うことで成立する。特別な方法としては、啓蒙するごとにアストラルテンプルを作り出すことである。

それは特別な呪文やエネルギーを扱うことではなく、まずリアルで何の啓蒙を行いたいのかを熟考する。

混沌の魔術結社「ＩＯＴ」で推奨されていた啓蒙は「自分の魔術的弱点の補強」と「自分の魔術的長所の増強」の二つであった。この二つのために、テンプルでどのような内装を考えるだろうか？

人それぞれ異なるだろう。多くの印形を製作し、魔法円のように考えるかもしれない。あなたは熟考し、アストラルの身体に意識を移行したならば、リアルで考えたテンプルをアストラルの身体で視覚化すればよいだろう。

そのアストラルテンプルの色・形、すべてが啓蒙のためにデザインされている。あなたはそのテンプル（神殿）の中で、必要とされる啓蒙の儀式を行うか、ただ単にテンプルの中で瞑想すればよいだろう。

ただし多くのアストラルテンプルを作ることはあまり勧められない。**多くのアストラルテンプルを持つ魔術師は現実逃避を始め、アストラルテンプルに逃げ込む。**その中で啓蒙の儀式を行うことで、アストラルの無駄遣いを始めるのだ。

黄金の夜明け団が考えた生命の樹とタロットカードの配属（それに関係するタロットカードと生命の木の照応）を利用して、そこから必要な情報を拾ってくることは、有効な啓蒙手段かもしれない。だが、その中で起きる現象を魔術師が事前にリアルで設定していない限り、ただアストラル遊びをしているだけになってしまう。

アストラル遊びになると、出会う存在に話しかけ、まるでアドバイザーのように扱う傾向がある。だが、それはアストラルの召喚魔術である。忘れてはならないのは、**我々は神や女神、霊的存在の操り人形ではない**ということだ。

アストラルの啓蒙で起こりがちな圧倒的な経験により、魔術師は高位存在の導きを信じて、それを啓蒙とする。しかし、それは間違いである。

魔術師は責任を持って自分の行動を行うべきである。それがアストラルの啓蒙の要となる。

第12章

虚無魔術を学ぶ

意図だけで混沌のエネルギーを利用する（所要時間30分）

奥義ともされる「虚無魔術」は、またの名を高等魔術ともいう。おいそれとできるものではない。

公開されている虚無魔術の習得方法は、妖術5技法、シャーマン魔術5技法、儀式魔術5技法、アストラル魔術5技法の計20技法を極めたとき、自ら発生するものだという。確かにその通りかもしれない。

ここまで説明した順番や技法は、混沌の魔術結社「イルミネーション・オブ・サナテエロス」（IOT）のテキストにあることで、それは『Liber Kaos』という名前で出版されている。だが、私はIOT在籍時代、まったく異なるテキストを見て実践した。

要約すれば、虚無魔術は、今まで行った妖術すなわち道具も、またシャーマニズムすなわちトランス状態も必要とせずに、魔術を行使する技法である。虚無魔術では、儀式魔術すなわち道具と呪文と身振り手振り、またアストラル、視覚化などの異なるエネルギーには頼らない。全魔術道具と印形、タロットカードやルーンもいらない魔術技法である。

想定しうる全ての魔術行動を必要としないのが、虚無魔術（高等魔術）だということだ。この虚無魔術は通常人間が生きているとき、ほんの少しだけ使えるものだとＩＯＴは説明していた。

巷で言う引き寄せの法則、ポジティブシンキング、成功の法則等とはまったく異なる技術である。これらでは願いが叶った状態を強烈にイメージすることが多いが、そのような強烈なイメージングを虚無の魔術は必要としない。

ＩＯＴのテキストでは、今までの４つの魔術（印形魔術・喚起魔術・儀式魔術・アストラル魔術）では混沌に意図を投げ、混沌がその意図をリアルに反映しているだけだが、虚無魔術は混沌が投げるエネルギーを掴み、使用することで成立する。

多くの混沌魔術の達人がそれを**「空《から》の手の魔術」**という。印形も呪文も道具も必要としないからだ。

必要なのは意図だけである。しかしだからといって、意図の宣言（例えば、「私の意図はライバルに勝つことだ」等）を必要とはしない。**意図を持つだけで混沌から投げ出されるエネルギーを掴み、利用する**ということである。儀式すら必要としない。

こう書くととても難しいように思えるだろう。実際とても難しいのが虚無魔術である。

虚無魔術を会得した達人は沈黙する。なぜならその達人はその奥義を知られたくないからだ。

私はＩＯＴ在籍時代、２名の達人に虚無の魔術について質問した。だがその２名とも方法論が異なっており、かつその達人の１名であるデイブ・リーは近年、虚無魔術の考え方を変えてしまった。ＩＯＴのテキストでは、虚無魔術においては「魔術意識」になることも必要としないとされている。

この手の魔術は、ある魔術師が考えた真の意志の思想と直結しているように思えるかもしれない。だがそれは違う。真の意志はその魔術師を縛り付けてしまう。

「真の意志に従って生きろ」と言ったり、真の意志とは高等な意図的活動であって即物的な現世利益と決別することだと考えたりしている魔術師もいるようだ。だが、我々はリアルで生き抜かなければならない。

虚無魔術は聖守護天使を召喚したり、聖守護天使から授けられて得られた知識や力の代わりであって、聖守護天使の魔術ではない。聖守護天使の魔術は一神教の影響を受けていることは確かである。聖守護天使の魔術は魔術師を一神論に縛り付ける。

虚無魔術は、多くの魔術を長年にわたり実践し続けて初めて会得できる。

今この令和時代、かつて私が研究し紹介したアヤワスカを飲むことで超能力や啓発を受けたと思う人がいるようだが、それは単にアヤワスカの薬理効果である。薬理効果が強烈に思えるからそのようなことを述べているようだが、そのような方法論で開発できるのが虚無魔術ではない。

さらに世捨て人が、隠遁生活の中で開発できる魔術ではない。それに虚無魔術は慰めではないし神や女神の慈悲で開発できるものでもない。

虚無魔術に必要なのは意図という目的の核だけである。その意図の核を見出すことが混沌魔術の大いなる作業ではない。

虚無魔術は現代社会の中で最も開発できにくいジャンルかもしれない。なぜなら私たちはオールインワンに慣れてしまっているからだ。スマートフォン一つにいくつものアプリを入れることで、スマートフォンなしに暇つぶしすることすらできなくなってしまった。スマホなしでは情報すら探せない文明に慣れてしまっている。

虚無魔術はほとんどの魔術手段から離れることで開発できる。それはある意味オールインワンから離れることを意味する。もちろん虚無魔術を会得するためにわざわざ全技法を手放す必要はない。

もう一度説明しよう。今まで私たちは、混沌に向かって意図を投げ、混沌が結果を生む前に現実を変化させたり、未来を予測したり、神や女神の力を借りたりしてきた。霊的存在を使役したり、意識を変化させたりしてきた。

それとは逆に、**混沌が自らの存在を証明するために放つエネルギーを掴み、魔術の技術を行**

うのが虚無魔術である。それには印形も呪文も道具もいらない。意図だけが必要とされる。
あなたが空《くう》になるとき、混沌が投げるエネルギーを使うことができるだろう。そのためにこれまで学んだ妖術、シャーマン魔術、儀式魔術、アストラル魔術の合計20のテクニックを完璧に実行できるようにならなければならない。

虚無エンチャントメントの魔術——「想えば叶う」だけでよい

虚無魔術では意図を持つだけであり、印形を活性化する必要も杖を振る必要もない。「願望が叶ったらああしよう」という空想もいらない。あなたが混沌に愛されるような生き方をしていればあなたの願望は達成される。

意志する強さ、願いを叶えたいと念じる強さは結果を得るための条件ではない。意志する強さ、願いを叶えたいと念じる強さで現実が変われば、誰も苦労しない。

私の虚無魔術の場合、意図を持ち願望を持ったら、それが叶うように集中する。「願望が叶ったら」等の思考でとらえることではない。

例えば「病気をしませんように」という願望を叶えるのに、「私は健康だ」（これはよくある意図の説明のテンプレート）と思う必要はない。私の場合は「病気をしませんように」でちゃんと効果がある。

全魔術道具に頼らず、印形や呪文の詠唱にも頼らず、もちろんキャンドルにも頼らない。願望を視覚化せずに実現する方法を開発することはとても難しいだろう。

簡単に言えば**「想えば叶う」**。それが虚無魔術なのだ。もちろんここに運勢等は一切関係ない。

召喚する意図を熟考し、思考を解き放つ「虚無召喚魔術」（所要時間5分）

神や女神を召喚したいと意図するだけで虚無魔術は行われる。ここにゴッドフォーム（225ページ参照）や視覚化は不要であり、象徴も祈りもいらない。

あなたは神や女神を引き寄せる。意図を持ち集中することで憑依が行われ、神や女神の知識と力を得ることができるだろう。

チャネリングではないし、神や女神の導きを得ることでもない。意図した神と女神を引き寄せ憑依されることで知識を得る。その神や女神に力を発揮してもらうだけである。

虚無魔術の召喚は、中世日本で行われていたようである。修験道の行者が厳しい修行の果てに諸仏を引き寄せている。

私の場合、まず、**何のために神や女神を召喚するかという意図を熟考**する。その後、**自分自身の思考を解き放つ**。

すると必要とされる神または女神に憑依される。簡単に言えば必要とされる神、女神が意識にインストールされているように感じる。

自然の力がサーバントになる「虚無喚起魔術」（所要時間5分）

サーバントは、物理基盤や任務を与えたことで独立する。もちろん印形を描いたり、物神を作ったり奥義書に紹介された存在を喚起することもできるだろう。

だが、虚無の喚起魔術は印形も視覚化も物理基盤も必要としない。意図と喚起するための目的を持つことで虚無の喚起魔術は成立する。

私の場合、**任務や目的を持つサーバントを喚起するという意図を持ち、集中する**。このとき、物理基盤もサーバントの姿も必要としない。

しばらく集中するとサーバントが喚起される。私の場合、名前を与えてサーバントを管理しているので、必要なとき名前を述べるだけである。

また別の方法として、あなたがシャーマン魔術で自然の力に対して何かしらの能力を獲得しているなら、自然の中（例えば山、海、川、砂漠）でサーバントの任務を考え、喚起することを意図する。そうすることで自然の力がサーバントになり、あなたに仕えるかもしれない。

もし虚無魔術の喚起で悪魔を呼び出したいなら、魔法円も悪魔を呼び出すための三角形も長い呪文もいらない。必要なのは意図と言葉だけだろう。

その悪魔を呼ぶという意図と、「現れよ」という言葉だけでよい。悪魔はそのとき喚起され、あなたのために働くだろう。

もっとも意図さえあれば、「現れよ」という言葉すら不要かもしれないが。

虚無魔術の占術――占うテーマを決めたら集中するだけ

この技術は比較的簡単に開発されると思っているかもしれない。確かに人間は何かが起きる前に結果を知っていることがある。それは虚無魔術の占術に似ているが、直感という言葉で全て片付いてしまう。しかし、人の意向を知ったり、情報を得たいとき、直感で全て得ることはできないだろう。

虚無の占術ではあらゆる占いのシステムに依存せずに情報を得ることができる。私の場合、占うテーマを決めたら集中する。それだけで、人の意向を知り、少し先の未来を占うことができる。

「虚無魔術による啓蒙」は啓発を考えて意図し、集中する

虚無魔術による啓蒙は私の場合、必要とされる啓発を考えて意図し、集中することで行われる。インスピレーションを得て啓蒙を行うこともある。それは目にした風景から、人との会話から閃き、啓蒙を起こすものだ。

読んだ本の影響を受けることで啓蒙になる場合もあるだろう。聴いている音楽から啓蒙を起こすこともできるだろう。絵を鑑賞することでも啓蒙が起こせるかもしれない。

この世にある全ての物体は混沌の現れであって、啓蒙の意図さえあれば意識は組み替えられるだろう。虚無魔術による啓蒙は、あなたが変わるように、混沌があなたに何かの生活変化を与えることでも成り立つ。

それが深刻な問題であったとしても、混沌はあなたに乗り越えられる試練しか与えてこないだろう。その深刻な問題が本当に混沌から与えられた啓蒙なのか？　それはあなたが魔術師としてキャリアを積み、熟達しないかぎりわからないだろう。

それが出会い、別れであったとしても、それが啓蒙になることは大いにありうる。

なお混沌の魔術結社「ＩＯＴ」では、虚無魔術以外どの順番で修行しても問題ないとしていた。だが、妖術‐シャーマン魔術‐儀式魔術‐アストラル魔術と練習しておくのが確実である。

コラム　混沌魔術師である私に起こったこと――奇跡ではなく、当然の結果

勘違いしている人もいるかもしれないが、混沌魔術と薬物に親和性があるというのはその混沌魔術師が若い頃の話であって、私も同じである。若い頃薬物と魔術を研究したが、正直に言えばそれは不健康なことである。

今もそのようなチャンスがあるなら、私は睡眠を望むだろう。薬物は魔術的なフォースを乱し集中を乱すので、混沌魔術師が若気の至りで行いがちなことであろう。

若い日、規制される前に私はその幻覚剤を飲み、タロットカードを凝視したりしていた。だが、突如全てが怖くなり、部屋から屋上に出た。

その日は晴れていて、私は屋上で横たわった。すると大きな黄金の鷹が空から私に近づいてきた。私は「ホルス（古代エジプトの天空神で、鷹の姿で表される）に殺される」と思った。これは魔術的な効果でも何でもなく、ただの薬理効果である。

混沌魔術師でも徹底的に薬物を批判し、拒絶する人は世界中にたくさんいる。つまり、混沌魔術と薬物には親和性はないのだ。

なおアルコールも煙草も薬物である。酒を大量に飲んで魔術ができるだろうか？　考えればわかることである。

私の多くの魔術技法は、明晰夢やアストラル魔術や、虚無魔術の中で行われる。これは普通の方法論である。紙に印形を描いて魔術意識の中で凝視したり、思い出すことを長年やってきたが、5年前から切り替えた。

今年（2019年）で30年間、混沌魔術を研究し実践していることになる。その大半で紙なりペンなり魔術道具なりを使っている。物体の使用と均衡を取るために虚無魔術を行っている。

虚無魔術という思想は日本人にとって馴染みやすいかもしれない。虚無魔術は縁や空《くう》という思想に似ている。

縁は自分で紡げるものではないだろう。密教では空と中空の思想があり、様々な原因と結果があるという考え方をする。それは虚無魔術に近いだろう。

「果報は寝て待て」という諺がある。やるべきことを全てやった後は気長に待つしかない、という意味である。それは虚無魔術にも通じることで、この場合やるべきことというのは現実的な努力である。

「私の意図は億万長者になることだ」とするのも可能だ。しかし、何の努力もせず億万長者にはなれない。億万長者になる努力、億万長者になる決意と行動をしたときに道は開けるだろう。

虚無魔術でも最低限の現実的行動は必要である。いくら高等的な魔術、いくら空の手の魔術であるといっても、非現実的なことはできない。

仮にあなたがまったく泳げないのに、虚無魔術を行ってサーファーになろうとしても、海難事故にあう危険性が拡大するだけだろう。

数年前、私は法螺貝を必要とした。私は虚無魔術のエンチャントメントで法螺貝を得ることを意図した。

その夏に宮古島の新城《あらぐすく》海岸で泳げるところまで泳いでみた。美しい珊瑚《さんご》の中を泳ぎ切って目の前を見ると、法螺貝がいたので捕まえた。

そして岸に上がり、貝を食べ、法螺貝を得た。皆は驚いていたが、私は当然のことだと思った。

次の日、大神島《おおがみじま》に渡った。私は法螺貝のこと等、島民に一言も言っていなかった。それなのに、島民が法螺貝を4個持ってきた。私は驚いて法螺貝を1000円で買った。

私とのSNSでのやりとりの全てを拒み、私からのメールや電話を全て着信拒否している人物がいる。その人は自分が全て正しいと思っている。数十年前の出来事を持ち出し、現状に当てはめて自分の主張を押し通す。

私は虚無魔術でその人を攻撃したが、その結果、その人は暴力を振るわれ、散々な思いをしたようだ。そして一つ言えることはその家系は終わるということだ。

私は虚無魔術を行う前に、アストラル魔術で鉄の処女という拷問器具を作り出していた。その家族の人数分の鉄の処女を作り、家族のアストラルと鉄の処女を結び付けた。そうしてしまえば、どうあがこうが逃れることはできない。

私は混沌の騎士団のある団員の父親が巨大なウツボと丈比べしている写真を見たことで、その父親を尊敬していた。しかしその父親は２０１４年に脳内の動脈瘤《りゅう》破裂と、くも膜下出血で倒れてしまった。

私は団員に電話をし、命を救うことを約束したが、団員は「ＣＴで撮った脳の画像を見ると血液で満たされ真っ白だ。医師に今日が峠だと言われた」と言っていた。だが、私はあきらめてはいけないと述べ、団員を励ました。

自分でできる最高の魔術を行った。一つはこの世の法則の範囲内で物事を達成すること。もう一つは脳内に満たされている血を飲み干すことだった。

この「飲み干す」というのはアストラル魔術で行う。まず、血を飲み干す女神をアストラル魔術で召喚し、実際、その病室まで行って血を飲み干した。

その結果、転院し再度ＣＴで撮影したところ、白い部分はなくなり脳内に溜まっていた血は消えてしまった。団員の父親は今も入院しているが、もうじき目覚めるだろう。

なお私はアストラル魔術で召喚し、アストラルの身体に憑依した女神の姿で、病室で血を飲み干した。その女神の姿を、その団員は夢で見ていたようだ。無論私はその団員に、魔術的行動については何一つ言っていない。唯一言ったのは「祈祷する」ということだけである。

私には霊感などないが、宮古島でどうしても心霊スポットに行きたいと願い、夜タクシードライバーと共に心霊スポットに向かった。私と3名が心霊スポットにいた。

私は自分の右手が幼い手に握られたとき、あり得ないと思った。私以外の3名は私の左側に立っていたからだ。

そこで私は「物質化」の印形を思い出した。ドライバーが「そろそろ帰りましょう」と促し始め、タクシーに乗ったとき、ずっと握りしめていた右手を明るい車内で開いた。

そこには幼い人間の爪があった。皆が恐怖した。

さらに帰り道の途中、ドライバーは驚いてクラクションを鳴らした。タクシー等も通らない道と時間帯に老人が手招きをしていたからだ。

全員が老人を見たが、私にはその老人の目が真っ白で瞳孔《どうこう》すらないように見えた。ドライバーは、こんな時間にこの道で人がタクシーを止めることなど絶対にないと言って慌てていた。

今でも覚えているが、その老人は白髪で浴衣を着ていた。そんな姿の老人がタクシーを止めようとするか疑問だ。

仮に徘徊していた老人だとしても、夜遅く忽然と現れ、タクシーに手招きするだろうか。民家すらないさとうきび畑の中である。

これ以降「物質化」の印形を使うことをやめた。混沌魔術では物質化は多く実践されている。海外では物質化の印形を使ったところ、部屋中砂だらけになった者もいる。

ケイオスフィアを聖別する場合だが、私は過去、DJをしているときに、平日木曜日、150名を超える客の中で、混沌の渦を作り出したことがある。狂気乱舞するクラブキッズのフォースを利用したのだ。

私のケイオスフィアではないが、元型は私の作である。最初ケイオスフィアを振りかざし、フォースを集めることに成功したが、段々とフロアのクラブキッズが恐怖し、倒れたりした。そして、このケイオスフィアの持ち主も、奇妙な言動をとり始めた。意図もなしに聖別するのはとても危険だと今はわかっている。

様々な経験をしてきた30年だったが、私はそれでも探究することを忘れない。自分が知りうることは教えていくだろう。

30年経ってもこの姿勢は変わらない。私のこの人生の役目は混沌魔術の正しい普及と教育だと思っている。だから、些細なことにかまけている暇などないのだ。

第13章

クトゥルフ神話の神々を召喚する

クトゥルフ神話の旧神はあなたを狂わせない

怪奇・幻想小説家のH・P・ラブクラフトが創作した作品に登場する神々を混沌魔術師が利用するようになったのは1980年代である。最初は一風変わった神々を利用するという思想でしかなかった。同時期、アメリカの悪魔崇拝の元祖ともいうべきアントン・ラベイがサタンの聖書でラブクラフトが創作した神々を利用し始めている。

これらの思想はキリスト教や一神教に対してのクロスカウンターでしかないが、2014年〜2016年にはピーター・キャロルによって「旧神」（ラブクラフトが描いた小説世界をもとに、友人の作家らが設定を共有して、作り上げた架空の神話体系クトゥルフ神話に登場する神格の総称）が再考され、従来と異なるアプローチが行われた。すなわちキリスト教へのクロスカウンターではなく新しい異教の神として扱われ始めた。

混沌の騎士団でも2019年に実践が行われた。そして名前だけは有名な奥義書、俳優の佐野史郎氏も親しい友人だけに配布したというネクロノミコン（ラブクラフトの作品群に登場する書物）の考え方も考え直された。

ネクロノミコン自体は、まったくの偽書であり、ラブクラフトが生み出した奥義書である。

今はなきニューヨークの宗教用品店「マジカルチャイルド」で『ネクロノミコン』という本が出版されたが、それはシュメール神話の神や悪魔の印形や召喚法が書かれている書物であった。しかし未知なる神の名前や召喚法は書かれていなかった。

後に作家コリン・ウィルソンがネクロノミコンを扱っているが、ジョン・ディー（イギリス・ロンドン生まれで16世紀に活躍した錬金術師、占星術師、数学者）の暗号文章をコンピューターで解析した結果、数百年前の暗号文章がラブクラフトの神々を扱っていたという話である。なおコリン・ウィルソンは『賢者の石』という小説でもラブクラフトの神々を扱っている。

前述の通り、佐野史郎氏もネクロノミコンを自作しているが、ネクロノミコンはアメリカのテレビドラマ『グッド・ウィッチ』でも登場している。リビングに雑誌と一緒に置かれているぐらいどうでもいい奥義書である。

またホラー映画『死霊のはらわた』（1981年公開）でもネクロノミコンが使用されているが、ラブクラフトの神々にはまったく関係がなかった。ネクロノミコンは名前だけは有名な奥義書であり、多くのクリエーターの想像力をくすぐる名称である。

近年ネクロノミコンはアストラル領域の書物という考えが誕生した。するとラブクラフトの神々は邪悪な存在ではなく、人類に対して有益な情報と力を持つと考えられるようになった。

では混沌魔術師が考えるラブクラフトの神々、旧神とはどのような存在だろうか？

まず「アザトート」だが、混沌の魔術結社「イルミネーション・オブ・サナテエロス」（IOT）で「混沌のミサアザトート」があり、1999年に『Liber Kaos』（ピーター・キャロル著）でも紹介されている。だが現在、その考えは進化している。

アザトートは量子の神と考えられ、物質やエネルギーの中心にある混沌に対する知識を持つとされ、召喚される。

「ハスター」は死と破壊の知識を持ち、クトゥルフ神話では精神的な事柄や精神的疾患の回復を担う神と考えられている。「ジュブニグラース」は、肉体の健康や病気の治療、「ヨグ・ソトート」は宇宙理論の知恵を持つ神と考えられる。「ナイアラートホテップ」は人間にとっての善と悪、両方の知識を持つ神と考えられている。

なお、これらラブクラフトの神々には、ラブクラフトの小説のように召喚してもあなたを発狂させるようなメカニズムはない。

クトゥルフ神話の神々を召喚する！（所要時間30分）

私はある混沌魔術師に、「日本ではナイアラートホテップはゲームや小説では有名かもしれないが、圧倒的多数にはかわいい少女の姿で知られている。ナイアラートホテップをその2次

ジュブニグラース

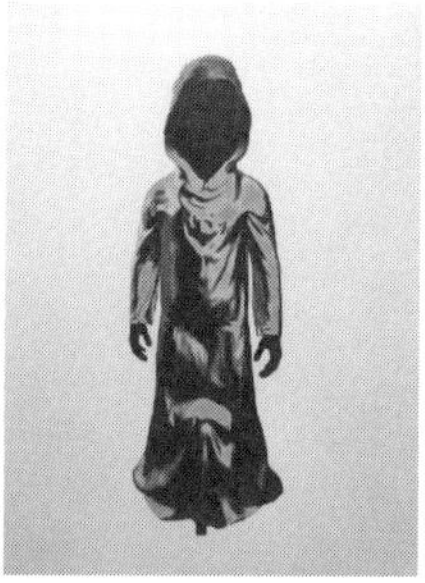
ハスター

アザトート

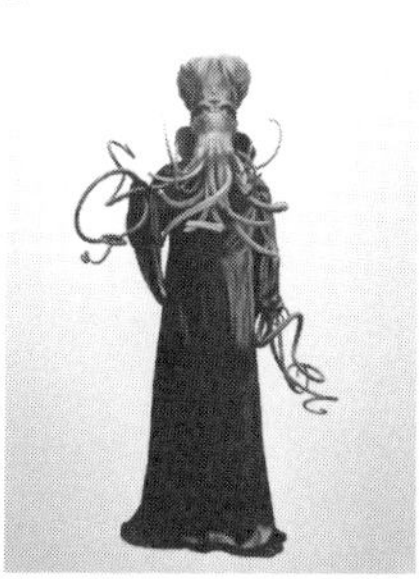
クトゥルフ

ナイアラートホテップ

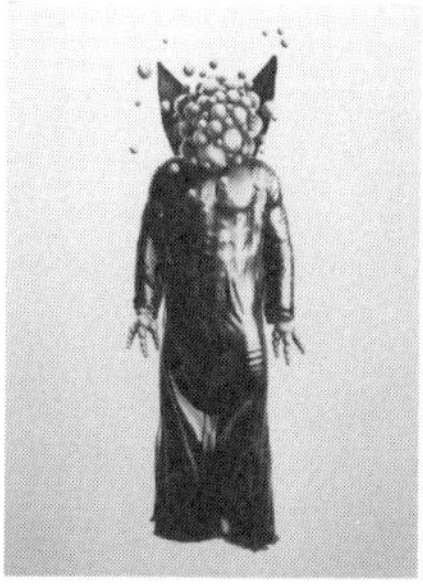
ヨグ・ソトート

元のかわいい少女で召喚することは可能だろう」と述べたことがある。

　その混沌魔術師と検討した結果、ナイアラートホテップはかわいい少女の姿で召喚できるという結論に達した。ピーター・キャロルはナイアラートホテップには１０００の異なる姿があるのだから、アニメに現れるその姿で召喚することも可能だと述べていた。

　旧神の召喚は、難しいことではない。まず旧神の知識をラブクラフトの小説で覚えておく。ただし、召喚者を狂気や不幸にする存在ではないとしっかり認識しておくべきである。

次に、旧神の印形を作る。どのような方法で作ってもかまわない。最後に、旧神を召喚する呪文を作るだけでよい。

もっとも混沌の騎士団が販売権や日本語版権を持つピーター・キャロルの著書『The Epoch』を読めば自分で印形を作ることも必要ではなくなる。『The Epoch』にアストラルネクロノミコンとアストラルGOETIAが書かれているので、参照して召喚すればよいだろう。

私は数十年前、混沌の騎士団でラブクラフトの神々を扱った実験を行った。それが現在もテキストの一部として使用されている。

ただそのテキストに私は「模倣したら嘲笑する」と書いたので、混沌の騎士団で旧神の魔術を学ぶ魔術師はいない。が近年団員の月華がラブクラフトの神々を召喚して喚起し、様々な知識と潜在意識の制御を学んだ。

私の考えでは、**アザトートは原因と結果を同時に持つ存在**である。天地創造以前の世界、精神宇宙が合一した存在であり、魔術師に混沌の知識を与える神である（印形1）。**ヨグ・ソトートは永遠に続く原因と結果、時間と空間とエネルギー、精神の宇宙に対して知識を持つ**（印形2）。ヨグ・ソトートが精神の編集者としても働いているように考えられる。

アザトートを宇宙の始まりとして考えるならば、ヨグ・ソトートは現在も広がり続け膨張す

印形２

印形１

印形４

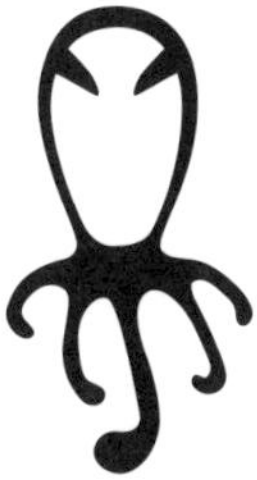

印形３

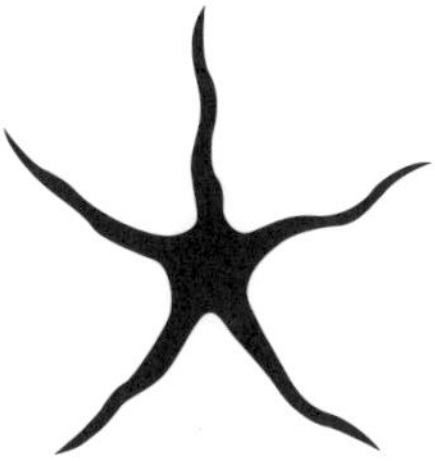

印形６

印形５

る宇宙である。精神の宇宙も生まれたときに始まり、生きることで膨張し、死ぬとき精神の宇宙は消失する。

クトゥルフは私たちの無意識に眠る知識を持つ。その知識は私たちが普段は気が付かない才能、無意識的な行動に対しても有効である。

クトゥルフは明晰夢に関しても知恵を持つ。だから明晰夢をどうやったら起こせるかと質問したかったり、もし睡眠が休息や安息だと考えるならば、クトゥルフの神々を召喚するとよい（印形3）。

ハスターは虚無や無に関係した知識を与えてくれる。ハスターはエントロピーの力を持ち、あなたに攻撃魔術の知識を授けるかもしれない。そして潜在意識の力の開発の際、ハスターは大いに役に立つ（印形4）。

ジュブニグラースは私にとってバイタリティーやセクシュアリティーに関係した知識を与えてくれる。また身体のエネルギーを高める知識を持っている（印形5）。

ナイアラートホテップは善と悪の知識を持つトリックスターである（印形6）。召喚する者は知性を研ぎ澄ますこともできるが、逆に無知になることもあるだろう。

ナイアラートホテップは破壊と創造の知識を持つため、あなたが遭遇するトラブルに対して解決策の知識を持つ。ただし両刃の剣のような知識を授けることが多いので、注意して召喚すべきである。

昭和の魔術の権威たちは旧神を邪神として扱ったし、そう考えていたようだ。だが、そもそも聖と邪という考え方で神々を考えてはならない。

もしこの世を創造した神が聖なる神であるならば、世界の異常気象等はないだろう。人間の住む大陸に災害等を起こして人間を滅ぼしたりしないだろう。

ナイアラートホテップは人間に核のアイデアを提供し、原子力発電所が造られ、核弾頭ミサイルまでもが生み出されたとする。これは邪悪なのだろうか？

原子力発電の恩恵にすがった人類は原子力発電所が爆発すると、原子力が全ていけないと決めつける。だが、日本では２０１９年になっても未だに原子力発電が使用されている。

フランスでは発電電力量に占める原子力の割合は7割を超えている。これは邪神の恩恵なのだろうか？　もしこの世を作った神が聖なる存在であるならば、原子力等を人間に与えなかっただろう。

神に聖も邪もないのだ。それは人間の心の中にしかない。

日本の神話によれば、日本の全土はイザナミとイザナギによって生み出された。イザナミはカグツチを産み、陰部に火傷《やけど》を負い、臥《ふ》せって死んだ。イザナギは怒り、カグツチを殺した。これが聖なる神のすることなのだろうか？

さらに死んだイザナミに会いにイザナギは黄泉《よみ》の国を訪れるが、腐乱し変貌したイザナミの姿を見て逃げてしまう。最後にイザナギは黄泉比良坂《よもつひらさか》を大岩で塞《ふさ》いでしまう。そのときイザナミは「一日に人間を1000人殺す」と述べる。

このような殺人宣言をした女神が今神社で祀られ、崇拝されている。昭和の魔術の権威はイザナギを邪神認定してもよいと思うが、誰もしていない。その一方で、クトゥルフ神話の神をあくまでも邪神として扱いたいようだ。

しかしラブクラフトの神々は邪神ではないのだから、研究し、召喚・喚起してもあなたが危険になることはない。あなたがそう信じたり、そのように洗脳されない限り、危険ではない。

善と悪は人間しか持ち得ないのだし、聖邪の区別ですら人間の考えでしかない。

混沌魔術師は様々な神々を召喚すべきであろう。そうすることで、自分自身の可能性と潜在意識のコントロールを学べるのだから。そして何度も言うが、ラブクラフトの考えた神話体系の神々が、あなたの精神を狂わせることはない。

混沌魔術の創始者ピーター・キャロル氏が特別寄稿！
魔術の杖の使い方

宗教は、超自然的な代理人たちの意思を理解することで、知識と力を追い求める。科学は、自然のメカニズムを理解することで、知識と力を追い求める。一方、魔術は、意図――個人の意図、他者の意図、それに自然現象の意図――を理解することで、知識と力を追い求めるものである。

表面的なレベルでは、この3つの学問領域の全てがお互いを嫌悪し、軽蔑し合っている。科学者は、超自然的な代理人が存在していることと、意図（自由意思も含む）が存在していることを理解するのをやめている。宗教家は、科学者の還元主義を嫌悪し軽蔑し、魔術師の神に対する傲慢さを邪悪で冒涜的だとみなしている。魔術師は科学を不完全なものと考え、全ての宗教思想は、意図のための恣意的な乗りものであるとみなしている。

魔術に対する興味を表明する多くの人々は、本当は、宗教、神秘主義、それに「スピリチュアル」な何かによる慰めを求めているだけなのだ。「スピリチュアル」が意味するものが何であってもそれは同じだ。

もしスピリチュアルが「あなたの人生を生きる方法」を意味するなら、魔術は確かにそれ自体が「スピリチュアル」なものを有していると言える。魔術は「意図によってあなたの人生を生きること」すなわち、あらゆる利用可能な手段によって、ことを起こそうとしているからだ。

私たちは20世紀初頭に魔術を定義したときのように、意図と「意志の力」を混同してはいけない。意志の力と意図は、両者とも想像力から生じてくるものだ。

あなたは顕在意識と潜在意識の両方で、望むことをイメージする能力を持っている。他の必要なものや欲しいもの、恐怖心や気を散らすことを排除することで、望むことをイメージする能力を築くことできる。その能力こそが、意図が持つ知識や力へと導いてくれる。

魔術師と、科学者や宗教的な傾向を持つ人々との間に一線を画すものがある。魔術師はエンチャントメントを絶え間なく実践する。彼らはいつなんどきも呪文をキャストしているのだ。

魔術師は占術も実践するだろう。それにより、出来事や人々の意向を占いで見抜こうとする。喚起魔術も実践し、想像上の超自然的な代理人や魔術師自身の潜在意識からインスピレーションを引き出そうとするだろう。召喚魔術も実践し、想像上の超自然的代理人や魔術師自身の潜在意識の意図をコントロールしようとするだろう。しかし、エンチャントメントは魔術師の活動と定義されたままである。

このような理由のため、効果のある魔術訓練のプログラムは、常にエンチャントメントと杖、呪文、それに印形を使用することから始まるのである。

「杖を手に取り、杖と付き合うこと」を本当にできる人々だけが、魔術的意図の生きた技術をマスターできる。そうでない人たちは、結局はタロットカードや類似品で遊ぶだけである。彼ら自身の特徴的な神秘主義、宗教を創造するだけで終わるだろう。

魔術師は文字通り、物理的な魔術の杖がなくても実際にエンチャントメントを行うことができる。同様に、誰であっても、木製の小さな破片を切断したり、曲げたりすることで、彼ら自身の手によって簡単な木工をすることができる。しかし、精密な道具はよりよい結果をもたらすものだ。

エンチャントメントの伝統的な道具として、杖はいくつかの目的に役立つ。空中で呪文やシジル（印形）を引き出すとき、魔術師は、一心に集中するため、杖を使ってもよい。想像力と視覚化という精神の目で呪文やシジルを引き出すときも、同様である。

杖は、魔術師が、意図により人生を生きるための天職を選択することをいつも思い出させるのにも役立つ。どんな気を散らすことやご機嫌取り、いかなる恐怖や現代の固定概念があっても、いつも思い出させてくれるのだ。

魔術師は常に個人の意図と意味を象徴する杖を作るべきだ。2本の杖はたいてい、次のようなものでこと足りるだろう。大きい杖は、魔術師自身の個人的な場所、もしくは特別な場所で使用される際の絶頂の杖の形をとる。小さい杖は常に持ち歩く小型の杖である。

魔術師はキャリアを積み重ねながら、技術と知識と意図の発展に合わせて、杖を不断にアップデートしていくべきだ。誰もが魔術師が慣習として持っている杖と同じものを持つ必要はない。ある魔術師は、指輪や護符、武器の形を持つ特別な物体を、彼らの杖としてうまく位置づけてきた。魔術は常に機能するわけではないが、逆にいえば、超自然的な代理人に対して宗教的懇願をした場合も、不十分にしか機能しないだろう。

科学は、私たちが望んでいることを、たいていはできない。私たちはたくさんのランダム性を持つ宇宙に住んでいるからである。

このランダム性は魔術師にとって二つの結果をもたらす。それはエンチャントメントを可能にするが、占術を確率に依存させてしまうということだ。

もし、あなたの呪文の5分の1が機能したり、あなたが確実に20％の歪みを生じさせられることに気づきさえすれば、依然として、あなたは現実的な力を持っている。その現実的な力は、根気強い巧みな応用力で、よい結果を生み出すだろう。

しかし、もしあなたの占術の5分の1だけが正しい答えを与えるなら、その占術に基づいて行動する際の障害となるだろう。

加えて、ランダム性と確率が存在するため、未来によく狙いを定めたとき、エンチャントメントは最大限に機能を発揮する。一方、占術はエンチャントメントよりも短期のものに関して、よい結果をもたらす。だから、私は常日頃から「エンチャントメントは長期、占術は短期」と言っている。

もちろん、魔術師はエンチャントメントを好み、早く結果が得られることを望むだろう。遠い未来を占う能力を身につけたがるだろう。だが、この宇宙はエンチャントメントを可能にしている一方で、宇宙には混沌とランダム性があるため、エンチャントメントで早く結果が得られることも、遠い未来を占うことも、困難にしている。

杖の方法を行うことは、意図の宇宙で生きることを意味する。杖を使うと、他者の意図や人類が作ったシステムが意図すること、物理的現実が意図することに対する感受性を必要とする困難な活動に向かわせてくれる。一方で、静かな自信と上手に隠された最上の優越感も持たせてくれる。

魔術師たちは長期にわたり、共に働いてもうまくいくことはめったにない。競争は悪意へと変化しがちである。魔術は、書籍や写本や手紙を通じてだけ共有された、孤独な探求となりがちである。

科学を基礎とした文化や一神教的な宗教文化では、自分自身を魔術師として売り出すような者を罵り、あざけり、恐怖する傾向がある。だが、ペイガニズム（自然崇拝や多神教の信仰を広く包括すること）の文化においては、魔術師の存在は望ましいこととみなされてきた。

そのため、魔術は秘密主義ではないにしても、慎重な方向へと進みがちである。その一方で、多くの魔術師は、魔術的思考を意図せず上手に使っている普通の人間に気付いたとき、穏やかに笑うのだ。

意図の力についての信念と、全ての現象は意図を持つという信念は、しばしばよい結果をもたらす。科学がそのような信念を持たず、人間の自由意志さえ否定しても、意図の力があると信じ、全ての現象が意図を持つと信じることは、よい結果をもたらすのだ。

意図の存在を信じることとは、人間の道具箱に必要不可欠な要素であるように思われる。しかし、最大の効果をあげるために注意深く作り上げられた杖で、慎重に意図を使用してほしい。

普通の人々は意図の力を認めているようだ。しかし、認めることで起こることを恐れるため、意図の力を使うことに慎重になるように思われる。

意図の力は確かに危険性を伴う。だが、魔術師は「知る」決意をし、「イメージする」決意をし、「挑む」決意をし、「沈黙を保つ」決意をするのだ。

（ピーター・J・キャロル）

あとがき

この本は「1日30分で魔術師になれる」というコンセプトで書かれている。日本では情報がまったくない「虚無魔術」という高等魔術についても説明した。

最初はいつものように「全否定することで残る事柄」を書いたが書き直した。また8つの神々の対応に関して疑問を持つ方もいるだろう。しかし日本の密教の神々はほとんどが何でも叶えてくれるというご利益《りやく》を持つ。

不動明王がそのよい例だろう。一時期明王と天を混ぜた対応の仕方を書いたが、今回は全て天部（インド古来の神が仏教に取り入れられ、護法神となったもの。みな〇〇〇天という名前がつく）で統一した。異論がある方は自分で対応させればいいだろう。

遠い西洋の神を選ぶより、近い神である東洋の神仏を選んだ方がよいと思う。

また混沌の騎士団を推しているように書いたが、事実ケイオスフィアを売っているのは混沌の騎士団しかない。ただし、混沌の騎士団のケイオスフィアに強度で勝てるFPR（繊維強化プラスチック）製のケイオスフィアがあるところがあるなら、そちらで購入した方がよい。

この本を書くにあたり、騎士団員の3名に感謝したい。月華女史、遥女史、Wolfia女史である。３名ともナイアラートホテップの信者だと思う。

また、今回オカルトショップの紹介をしたが、選ぶ条件としてそのショップの経営者がオカルティストではないことを第一に考えた。その結果、魔術堂（http://www.majyutsudo.jp/）にした。

今回、図版の提供をしていただいたので、記して感謝したい。「参考資料」欄の後にアクセス方法を掲載したので、来店したい方は参考にしてほしい。

編集者の高橋聖貴氏にも感謝する。あなたの「功績」で混沌魔術は日本に浸透していくだろう。

これで日本には4冊の混沌魔術の本が存在することになるが、１冊はピーター・キャロルの１９７０年代の書籍であり、今、彼の思想は大きく変わっている。４冊のうちの別の１冊はラルフレクト・マイヤーの書籍である。

いずれにしても洋書からの翻訳である。そして他の2冊が私の書籍となる（『黒の書』と本書である）。また性魔術に関しても私が1冊本を書いている（『21世紀の性魔術の実践』）。

おそらく2冊目の性魔術の本も書くだろう。『21世紀の性魔術の実践』と相反する意見やアイデアを紹介するつもりだ。

そして私はピーター・キャロルの著書『The Epoch』の翻訳・出版も行うだろうが、これには時間が必要となるので待っていてほしい。

キャロル曰く4ギガバイトを超えるデータがあるそうだ（なおマックではなくウィンドウズである）。私が監修を務め、誤訳がないようにする。

現代魔術としてラブクラフトの神話を紹介したが、本当は初音ミクの召喚や杉沢村の魔術的な利用についても論考を書きたかった。それはまた別の機会に取っておく。

質問がある方は、私のツイッター@kuronosinobuまでダイレクトメッセージを。可能な限り答える。あと会いたいというお声掛けをくださる方には申し訳ないが、個人的に会うことはしない。


全ての読者に敬意を。皆さんの探究に役立つように。

そして私の著述の師である故・青山正明氏と兄弟であった故・村崎百郎氏に本書を捧げる。

2019年10月5日午前6時24分、黒野忍

参考資料

『トライワイトゾーン』（ワールドフォトプレス、１９８９年　１６１号）
『禁書 黒魔術の秘法』（流智明・混沌魔術研究会青狼団、二見書房、１９８９年）
『ユリイカ』（青土社、１９９２年第24巻2号）
『ムー』（学研、１９９５年4月号）
『The Epoch』（Peter Carroll、Arcanorium College、２０１４年）

※図版を提供していただいた魔術堂へのアクセス
東京都千代田区外神田３‐８‐７ 一光ビル１F 魔術堂
銀座線末広町駅から徒歩１分

著者プロフィール

黒野 忍（くろの しのぶ）

1973年東京都生まれ。８歳から魔術を学ぶ。日本で初めて本格的に混沌魔術を研究・実践し、現在に至る（混沌魔術を学び始めたのは16歳のとき）。

魔術結社「イルミネーション・オブ・サナテエロス」(IOT) の日本支部長を務めたが、破門される。その後、混沌の騎士団に所属。

著作に『続・危ない薬』『非合法ドラッグ』(データハウス)、『気持ちいいクスリの作り方』(宝島社)、『ドラッグソウル』(スタジオビート)、『黒の書』『Graap Gohu』『21世紀の性魔術の実践』ほか。


１日30分であなたも現代の魔術師になれる！

混沌魔術入門

2020年３月15日　初版第１刷発行
2024年８月15日　初版第２刷発行

著　者　黒野 忍
発行者　瓜谷 綱延
発行所　株式会社文芸社
〒160-0022　東京都新宿区新宿１－10－１
電話　03-5369-3060（代表）
03-5369-2299（販売）

印刷所　株式会社暁印刷

ISBN978-4-286-21045-2